值班律师实质有效参与问题研究

郑雁冰 著

群众出版社

·北京·

图书在版编目（CIP）数据

值班律师实质有效参与问题研究／郑雁冰著.
北京：群众出版社，2024.7.
　　ISBN 978-7-5014-6385-5

Ⅰ.D926.54

中国国家版本馆 CIP 数据核字第 2024MH1442 号

值班律师实质有效参与问题研究
郑雁冰　著

责任编辑：马东方
责任印制：周振东

出版发行：群众出版社
地　　址：北京市丰台区方庄芳星园三区 15 号楼
邮政编码：100078
经　　销：新华书店
印　　刷：北京市科星印刷有限责任公司

版　　次：2024 年 7 月第 1 版
印　　次：2024 年 7 月第 1 次
印　　张：6.625
开　　本：880 毫米×1230 毫米　1/32
字　　数：140 千字

书　　号：ISBN 978-7-5014-6385-5
定　　价：38.00 元

网　　址：www.qzcbs.com
电子邮箱：qzcbs@163.com

营销中心电话：010-83903991
读者服务部电话（门市）：010-83903257
警官读者俱乐部电话（网购、邮购）：010-83901775
公安业务分社电话：010-83906108

自　序

值班律师，是指法律援助机构在看守所、人民检察院、人民法院等场所设立法律援助工作站，通过派驻或安排的方式，为没有辩护人的犯罪嫌疑人、被告人提供法律帮助的律师。2020年6月，第二届大名府检察论坛暨"认罪认罚案件值班律师有效参与"学术研讨会在河北省大名县召开。来自最高人民检察院、中国法学会、中国政法大学、哈尔滨工业大学、河北省律师协会、邯郸市中级人民法院、邯郸市人民检察院、邯郸市律师协会、河北经贸大学、河北工程大学的50余位领导、专家学者、律师出席此次研讨会，就值班律师实质有效参与认罪认罚案件的相关问题进行了深入的学术交流，对值班律师有效参与制度进行了系统探讨。2022年1月1日开始实施的《法律援助法》对值班律师制度进行了细化。由此，形成了以《刑事诉讼法》和《法律援助法》为基础，包括司法解释和规范性文件在内的值班律师制度规范体系，这对于保障刑事被追诉人基本权利、促进司法公正具有重要意义。

本书包括以下三个方面的内容：

一是对值班律师实质有效参与制度的理论探索。建立和完善值班律师制度，对于保障犯罪嫌疑人或被告人权利，促进公正审判具有重要意义。中央深化司法体制改革将完善法律援助制度作为一项重要改革任务进行部署，值班律师实质有效参与制度对于实现控辩平等、维护当事人权益、让人民群众在每一起案件中感受到公平正义具有重要价值。

二是对值班律师实质有效参与制度的方法探讨。本书依托实证研究，通过对河北省邯郸市值班律师制度运行情况的分析，对值班律师、检察官、法官、司法行政人员和当事人进行访谈以及问卷调查，对值班律师有效参与案件的范围、内容、程序、效果以及问题进行深入研究。同时，本书立足于现有制度框架，整体审视值班律师制度的运行成效。此外，本书还通过比较研究，对域外和联合国刑事司法准则中关于值班律师制度的规范、运行进行探讨和借鉴。

三是对值班律师实质有效参与制度的实践探索。值班律师实质有效参与制度研究既要对值班律师文本规范进行梳理和比较，也要对值班律师制度运行实践进行总结和反思。本书归纳和提炼了值班律师有效参与制度的标准和要素，有助于提升辩护制度有效性的量化标准和可视化指标，对于法学教师双师型人才培养和法学学生专业实践具有重要的现实意义。

是为序！

郑雁冰

2024 年 6 月

目　录

第五章　值班律师实质有效参与的制度变革

第六章　域外值班律师制度比较研究

第一章

我国值班律师制度概述

第一节　值班律师制度的概念

大法官雨果·布莱克说过："如果被控犯罪的穷人没有律师的帮助而直面其指控者，那么，公正审判这一高贵理想就无从实现。"我国为维护特定群体的合法权益构建了法律援助制度。但是该制度适用条件严苛，服务对象范围十分狭窄，会将那些经济状况不乐观，却又达不到申请法律援助要求的贫困程度的这部分人排斥在法律援助制度之外，而作为控诉方的国家公诉机关与作为辩护方的被告人之间在力量上是明显不平等的，如果不通过某种平衡机制加以扭转，刑事诉讼的结局将为各种力量所左右，而不是由案件的事实真相来决定，① 其中深受其害的当属上述所说的群体。为改变这部分人在刑事诉讼中的不利处境，我国于 2006 年决定试行值班律师制度，河南省焦作市修武县成为第一个试点。值班律师制度，

① 汤景桢：《论刑事辩护的普遍性和有效性》，载《西部法学评论》2013 年第 2 期，第 104–109 页。

是指由国家财政作为出资保障，由法律援助机构作为委派主体，在人民法院、看守所等地设置固定办公场所，不以申请人的财产持有状况和案情类型为选择标准，为申请人提供免费法律服务的制度。

一、值班律师的起源

值班律师制度起源于资本主义高度发展的英国，英国司法制度以保障人权为基础，值班律师制度则是在此基础上萌芽。英国资产阶级革命的胜利为英国司法制度提供了必要的基础和前提，英国人民对正义公平的法律价值的追求，促使值班律师这一法律援助制度不断发展。而值班律师制度的确立是由英国当时的现状所决定的，是英国政府有限的财政预算和英国人民不断增长的法律援助需求之间平衡的结果，[①] 是司法实践的产物，是司法制度历史发展的产物。值班律师制度有效地满足了英国人民人权保障的需要，后逐渐被其他资本主义现代国家如日本、加拿大和当代社会主义法治国家所学习、借鉴、吸收。

二、值班律师制度的特点

根据我国《刑事诉讼法》的相关规定以及在实践中的应用，值班律师制度的特点可以概括为以下几个方面：

---

① 张泽涛：《值班律师制度的源流、现状及其分歧澄清》，载《法学评论》2018年第3期，第70-78页。

第一，值班律师免费提供法律援助。值班律师在其所办理的案件中提供免费的法律服务，所产生的必要费用由国家财政部门承担，受到法律援助的犯罪嫌疑人、被告人不需要支付相应的律师费用，这表明值班律师制度本身具备公益性、无偿性。在某些案件中，部分犯罪嫌疑人、被告人由于收入微薄，生活困苦，难以支付聘请律师所需要支出的委托费用，这直接导致了其所享有的合法权益可能难以得到应有的保护。而值班律师制度的制定和出台很大程度上解决了这一问题，只要委托人符合法律规定的情形，就可以申请值班律师为其免费提供法律服务，从而极大地保障了他们的合法权益。

第二，服务对象具有普遍性。我国《刑事诉讼法》中对值班律师能够提供法律援助的案件类型并没有任何限制性规定，这就表明无论何种案件的犯罪嫌疑人和被告人，只要递交了申请就可以得到值班律师的帮助。另外，值班律师制度与传统的法律援助制度相比放宽了对申请主体具体条件的限制，值班律师制度对申请人自身情况、案件性质、收入情况等条件没有任何限制，这就意味着任何被告人都享有得到值班律师帮助的权利，即值班律师的服务对象具有普遍性。值班律师制度的出台对于保障犯罪嫌疑人、被告人的基本人权起到了至关重要的作用。

第三，值班律师制度具有及时性。这种及时性表现为：一方面，值班律师制度中犯罪嫌疑人、被告人获得法律帮助的条件十分宽松且对案件类型没有任何限制，这大大精简了诉讼程序，减缩了诉讼程序时间，提升了司法效率；另一方面，"我国法援机构的设立在与行政区的级别划分相同的情况下，根本无法满足日趋增加的法律需求"①。为改变这一现状，我国值班律师的工作场所主要设置在人民法院、人民检察院、看守所、监狱等部门，犯罪嫌疑人、被告人可以根据自身情况选择向不同工作场所设置的工作站寻求值班律师的帮助，值班律师在收到申请后会即刻会见犯罪嫌疑人、被告人，为犯罪嫌疑人、被告人提供法律咨询和法律帮助服务。这极大地节约了司法资源，同时也方便了犯罪嫌疑人、被告人获得值班律师的帮助。

第四，值班律师的服务内容具有宽泛性。与法律援助制度中援助主体与援助内容相对固定相比，值班律师制度主体和内容没有过多条件的限制，其范围十分广泛。值班律师从始至终贯穿刑事诉讼的各个程序，并且值班律师在会见当事人时不仅可以帮助当事人解读相关法律法规的规定，解答当事人的疑难问题，提供法律援助，为当事人排忧解惑，同时还可以为当事人提供程序选择、申请变更强制措施、对检察机关定罪量刑提出建议等。这种多方面和及时性的帮助能够为申请法律援助的人提供权利保障，从而真正保障他们的合法权益。

---

① 顾永忠：《刑事法律援助的中国实践与国际视野》，北京大学出版社 2013 年版，第 132 页。

第二节 值班律师制度在我国的发展

我国现行值班律师制度由法律、党内法规、司法解释和相关规范性文件组成，时间跨度从 2014 年到 2022 年，除此之外，还有相关机关的内部文件。这些构成了当代中国值班律师制度的规范体系。

表 1-1 现行有关值班律师规范汇总

序号	标题	效力位阶	制定机关	施行日期
1	中华人民共和国刑事诉讼法（2018 修正）	法律	全国人大常委会	2018.10.26
2	中华人民共和国法律援助法	法律	全国人大常委会	2022.01.01
3	中共中央办公厅、国务院办公厅印发《关于完善法律援助制度的意见》	党内法规制度	中共中央办公厅国务院办公厅	2015.06.29
4	中共中央办公厅、国务院办公厅印发《关于加快推进公共法律服务体系建设的意见》	党内法规制度	中共中央办公厅国务院办公厅	2019.07.10
5	中共中央印发《法治中国建设规划（2020-2025 年）》	党内法规制度	中国共产党中央委员会	2021.01.10

续表

序号	标题	效力位阶	制定机关	施行日期
6	中央全面依法治国委员会印发《关于进一步加强市县法治建设的意见》	党内法规制度	中央全面依法治国委员会	2022
7	最高人民法院、最高人民检察院、公安部、司法部印发《关于在部分地区开展刑事案件速裁程序试点工作的办法》的通知	司法解释性质文件	最高人民法院最高人民检察院公安部司法部	2014.08.22
8	最高人民法院、最高人民检察院、公安部等印发《关于推进以审判为中心的刑事诉讼制度改革的意见》的通知	司法解释性质文件	最高人民法院最高人民检察院公安部国家安全部司法部	2016.07.20
9	最高人民法院、最高人民检察院、公安部等印发《关于在部分地区开展刑事案件认罪认罚从宽制度试点工作的办法》的通知	司法解释性质文件	最高人民法院最高人民检察院公安部国家安全部司法部	2016.11.11
10	最高人民法院印发《关于全面推进以审判为中心的刑事诉讼制度改革的实施意见》的通知	司法解释性质文件	最高人民法院	2017.02.17

序号	标题	效力位阶	制定机关	施行日期
11	最高人民法院、最高人民检察院、公安部等印发《关于办理刑事案件严格排除非法证据若干问题的规定》的通知	司法解释性质文件	最高人民法院 最高人民检察院 公安部 国家安全部 司法部	2017.06.27
12	最高人民法院、最高人民检察院关于刑事案件速裁程序试点情况的中期报告	两高工作文件	最高人民法院 最高人民检察院	2015.10.15
13	最高人民检察院办公厅关于政协十二届全国委员会第四次会议第4142号提案的答复	两高工作文件	最高人民检察院	2016.09.23
14	最高人民法院对十二届全国人大五次会议第6512号建议的答复	两高工作文件	最高人民法院	2017.09.04

　　值班律师制度起源于英国,该制度确立的目的是在刑事诉讼案件中为犯罪嫌疑人、被告人提供最及时最基本的法律咨询等法律服务,用以保障犯罪嫌疑人、被告人最基本的人权。我国的值班律师制度起步较晚,最早见于2006年司法部制定的《关于法律援助事业"十一五"发展规划》,在该规划中提出要探索值班律师制度①。2006年,我国在河南省焦作市修武县人民法院开始了值班律师制度的探索试点工作,在2006年

---

　　① 林帮钦:《值班律师的角色定位与制度探究》,载《吉首大学学报(社会科学版)》2019年第6期,第127-135页。

9 月至 2008 年 3 月一年多的试点工作中，修武县试点单位共接待咨询事项 1735 起、1953 人。此后，河南省又在 20 个市县启动了值班律师制度的试点工作，截至 2008 年 12 月底，这些试点单位共接待咨询事项 6569 起、7586 人①，由县法院的成功逐步推广至市中院、省高院乃至全国，地点也由法院推广至看守所。河南省值班律师的成功试点，以点带面，全面开花，促进了值班律师制度在全国范围内的推广实施。司法改革推动了值班律师制度的正式确立。最高人民法院、最高人民检察院、司法部、公安部等发布相关规定，具体明确地规定了值班律师的职责、机构设置、权利义务等内容，并共同制定发布实施办法及其实施细则，为值班律师制度的充分现实利用提供了制度支撑。

2014 年 6 月，全国人民代表大会常务委员会表决通过了《关于授权在部分地区开展刑事案件速裁程序试点工作的决定》，授权在北京、广州、重庆等 18 个地区开展刑事案件速裁程序试点工作。该决定明确了刑事速裁程序的适用目的、适用条件、适用范围以及有关原则要求，特别指出试点单位要充分保障当事人的诉讼权利，确保司法公正，这与值班律师制度的初衷不谋而合，为该制度在刑事速裁程序中的确立奠定了法律基础。同年 8 月，最高人民法院、最高人民检察院、公安部、司法部联合制定了《关于在部分地区开展刑事

---

① 王淑华、张艳红：《探索建立中国法律援助值班律师制度》，载《中国司法》2009 年第 5 期，第 89—92 页。

案件速裁程序试点工作的办法》，进一步明确了刑事案件速裁程序的适用条件、案件范围、排除适用。其中，该办法第 4 条要求，建立法律援助值班律师制度，法律援助机构在人民法院、看守所派驻法律援助值班律师。犯罪嫌疑人、被告人申请法律援助的，应当为其指派法律援助值班律师。

2015 年，中共中央办公厅、国务院办公厅印发了《关于完善法律援助制度的意见》，要求"注重发挥法律援助在人权司法保障中的作用，保障当事人合法权益"，"建立法律援助值班律师制度，法律援助机构在法院、看守所派驻法律援助值班律师。健全法律援助参与刑事案件速裁程序试点工作机制"，从宏观上指出要建立法律援助值班律师制度。2016 年，最高人民法院、最高人民检察院、公安部、国家安全部、司法部发布了《关于推进以审判为中心的刑事诉讼制度改革的意见》，指出"建立法律援助值班律师制度，法律援助机构在看守所、人民法院派驻值班律师，为犯罪嫌疑人、被告人提供法律帮助"，这是推进以审判为中心的刑事诉讼制度改革的重要保障。2016 年 11 月，《关于在部分地区开展刑事案件认罪认罚从宽制度试点工作的办法》出台后，各地开始建立试点①。

2017 年 8 月，《关于开展法律援助值班律师工作的意见》（已失效）出台，对法律援助机构的值班律师的定位、职责、

① 王迎龙：《值班律师制度研究：实然分析与应然发展》，载《法学杂志》2018 年第 7 期，第 109-119 页。

法律援助机构建立等予以规定；2018 年《刑事诉讼法》的修改，使值班律师制度被正式纳入我国法律体系[①]；2021 年，《法律援助法》颁布实施，该法首次明确司法机关保障值班律师依法提供帮助。值班律师制度的建立是我国保障犯罪嫌疑人、被告人基本权利的一个重大进步，为打通我国法律援助制度"最初一公里"发挥了独特的价值。而该制度能否切实有效地起到其应该起到的作用，这在很大程度上取决于作为这项制度的基础——值班律师能否切实有效地参与到刑事诉讼案件中去。

（一）《关于在部分地区开展刑事案件速裁程序试点工作的办法》首次提出建立法律援助值班律师制度，对值班律师的定位为"法律援助"

2014 年 8 月 22 日，最高人民法院、最高人民检察院、公安部、司法部印发《关于在部分地区开展刑事案件速裁程序试点工作的办法》，其中第 4 条规定："建立法律援助值班律师制度，法律援助机构在人民法院、看守所派驻法律援助值班律师。犯罪嫌疑人、被告人申请提供法律援助的，应当为其指派法律援助值班律师。"这是我国第一个涉及值班律师制度的文件。该办法将值班律师定位为法律援助，对于值班律师的职责、功能并没有涉及。

---

① 王贞会：《未成年人严格限制适用逮捕措施的现状调查》，载《国家检察官学院学报》2019 年第 4 期，第 56—73 页。

（二）在《关于推进以审判为中心的刑事诉讼制度改革的意见》中，对值班律师的定位未发生改变

2016 年 10 月 11 日，最高人民法院、最高人民检察院、公安部、国家安全部、司法部发布并实施《关于推进以审判为中心的刑事诉讼制度改革的意见》，其中第 20 条规定："建立法律援助值班律师制度，法律援助机构在看守所、人民法院派驻值班律师，为犯罪嫌疑人、被告人提供法律帮助。"该意见将建立法律援助值班律师制度放在推进以审判为中心的刑事诉讼制度改革的宏大背景之下，提出值班律师的职责是"为犯罪嫌疑人、被告人提供法律帮助"，此时还是将值班律师制度放在法律援助制度中进行考量，值班律师的诉讼定位仍未改变。

（三）《关于在部分地区开展刑事案件认罪认罚从宽制度试点工作的办法》对值班律师较以前作了扩大规定，但对其定位仍未明确

2016 年 11 月 11 日，最高人民法院、最高人民检察院、公安部、国家安全部、司法部印发实施了《关于在部分地区开展刑事案件认罪认罚从宽制度试点工作的办法》（以下简称《认罪认罚试点办法》），其中第 5 条第 2、3 款规定："法律援助机构可以根据人民法院、看守所实际工作需要，通过设立法律援助工作站派驻值班律师、及时安排值班律师等形式提供法律帮助。人民法院、看守所应当为值班律师开展工作提供便利工作场所和必要办公设施，简化会见程序，保障值

班律师依法履行职责。犯罪嫌疑人、被告人自愿认罪认罚，没有辩护人的，人民法院、人民检察院、公安机关应当通知值班律师为其提供法律咨询、程序选择、申请变更强制措施等法律帮助。"该办法对值班律师作出了扩大的规定，值班律师享有会见在押犯罪嫌疑人、被告人的权利，可以参与到刑事诉讼的全过程。而且，根据该办法第 10 条的规定，在审查起诉过程中，人民检察院就指控的罪名及适用的法律条款，从轻、减轻或者免除处罚等从宽处罚的建议，认罪认罚后案件审查适用的程序以及其他需要听取意见的情形等事项，听取值班律师的意见。《认罪认罚试点办法》的上述规定，把建立值班律师制度的意义大大提升，值班律师不再限于速裁程序中，而是拓展至包括速裁程序在内的认罪认罚从宽制度中，其范围涉及侦查、审查起诉以及审判的全过程。但该办法不再将值班律师置于法律援助的制度框架之下，值班律师的定位仍不明确。2016 年 11 月，《认罪认罚试点办法》出台后，授权北京等 18 个试点地区建立试点，截至 2017 年 11 月底，共适用认罪认罚从宽制度审结刑事案件 91121 件 103496 人。

（四）《关于开展法律援助值班律师工作的意见》是规定值班律师制度的专门文件，对其定位仍不能"提供出庭辩护服务"

2017 年 8 月，最高人民法院、最高人民检察院、公安部、国家安全部、司法部制定发布了《关于开展法律援助值班律师工作的意见》，该意见是就值班律师制度制定的专门文件。

该意见规定值班律师制度的适用范围不再只是认罪认罚从宽制度中，而是在刑事诉讼活动的全过程。该意见比较系统地规定了值班律师的职责，但是该意见明确规定"法律援助值班律师不提供出庭辩护服务"。

（五）2018 年修订的《刑事诉讼法》沿用了《认罪认罚试点办法》中对值班律师的相关规定，仍未对值班律师的定位予以明确

2018 年修订的《刑事诉讼法》第 36 条第 1 款规定："……犯罪嫌疑人、被告人没有委托辩护人，法律援助机构没有指派律师为其提供辩护的，由值班律师为犯罪嫌疑人、被告人提供法律咨询、程序选择建议、申请变更强制措施、对案件处理提出意见等法律帮助。"该条款赋予了值班律师参与认罪认罚案件的权利。2019 年 1 月至 2020 年 8 月近两年时间内，检察机关适用认罪认罚从宽制度办结案件 1416417 起 1855113 人[①]，这些案件的处理中都有值班律师的参与，他们参与案件后总结的经验为我国值班律师参与认罪认罚案件提供了实践依据。这些试点和有关机关处理的适用认罪认罚制度的案件也为我国值班律师制度的发展和完善工作提供了很多经验，同时为值班律师参与认罪认罚案件提供了经验指引，使值班

[①]　张军："最高人民检察院关于人民检察院适用认罪认罚从宽制度情况的报告——2020 年 10 月 15 日在第十三届全国人民代表大会常务委员会第二十二次会议上"，《中华人民共和国全国人民代表大会常务委员会公报》2020 年第 5 期，第 883-889 页。

律师参与认罪认罚案件有实际案例作为参考，有利于值班律师实质有效参与认罪认罚案件。

2020 年 8 月，在最高人民法院、最高人民检察院、公安部、国家安全部、司法部发布的《法律援助值班律师工作办法》中对于值班律师参与刑事诉讼案件作出了进一步的具体规定①，规定值班律师参与认罪认罚案件不仅仅是权利，还需要履行相应的义务，以此保证司法工作顺利进行和工作效率。2021 年《法律援助法》再次明确司法机关对于值班律师的法律帮助提供便利。上述有关值班律师的规定，对值班律师的职责更多的是强调保障犯罪嫌疑人、被告人认罪认罚的自愿性以及对相应法律后果的知悉性，这样极易造成值班律师对犯罪嫌疑人、被告人的"法律帮助"在一定程度上转化为对办案机关的"程序性配合"，因此，对值班律师的定位有待探讨立法原意和初衷。

第三节　值班律师制度的价值

值班律师制度作为我国一项重大的司法救济制度，具有一定的诉讼价值，值班律师制度为当事人、法律援助机构、司法机关架起了沟通的桥梁，为保持控、辩、审三方平衡，

---

① 吴宏耀、徐艺宁：《值班律师制度的保障机制研究》，载《中国司法》2020年第 10 期，第 75–78 页。

推动司法公正提供了重要保障。① 值班律师制度的价值表现在以下几个方面：

一是有利于提高诉讼效率。通过对值班律师制度发展过程的研究可以发现，值班律师制度最早起源于英国，最初设立的目的是保持控辩双方之间的平衡，尤其是在侦查阶段，为没有办法获得法律援助的犯罪嫌疑人提供阶段性、无偿性的法律帮助服务②。表面上来看，值班律师制度在保护被追诉人的合法权益以及促进司法公正方面起到了至关重要的作用。但事实上，值班律师制度通过简化申请审核等一系列复杂流程，提升了援助案件的数量，从而提高了诉讼效率。与此同时，值班律师所提供的帮助一般都是阶段性的、临时性的，在实践中多是一次性法律咨询服务，我国《刑事诉讼法》中对值班律师的权利也进行了相应的限制，如值班律师不能出庭应诉，由此也可以看出，值班律师制度的价值更多地体现在提高诉讼效率上。

二是弥补法律援助制度的不足。我国《宪法》规定，被告人有权获得辩护。在值班律师制度出台之前，相当一批犯罪嫌疑人、被告人由于各种各样的原因，其辩护权利并没有得到充分保障。随着经济发展、社会进步，人民群众之间的

---

① 郑自文、郭婕：《探索建立中国特色的法律援助值班律师制度》，载《中国司法》2006 年第 12 期，第 76–79 页。

② 滕丽娜：《英国刑事法律援助制度的现状及其启示》，载《海峡法学》2009 年第 4 期，第 51–55 页。

纠纷也随之增多，这也导致案件数量的增长。根据有关统计，我国刑事辩护率徘徊在 30% 左右，与发达国家 90% 左右的辩护率相差甚大，这也是案件数量与辩护率之间矛盾频发的根本所在。导致这一情况的原因主要是：我国人口众多但是司法资源却十分有限，靠当事人本人委托律师辩护从而提高律师辩护率，空间显然十分有限，全方位实现法律援助同样不现实，并且对案件不分难易而适用单一的援助方式也是对司法资源的浪费。2018 年值班律师制度的正式入法有效地改善了这一现状，该制度很好地适应了我国的国情和现实情况，进一步扩大了法律援助制度的形式，从而填补了法律援助制度的空白。

三是有效保障犯罪嫌疑人、被告人的诉讼权利。我国《刑事诉讼法》中规定犯罪嫌疑人、被告人都享有获得辩护的权利，即所谓的刑事辩护权，但这种权利对不同当事人产生的效果是不同的，受教育程度较高、家庭条件优渥的群体相较于受教育程度低、经济水平较差的人群来说，他们了解更多的法律知识，享有更好的资源，这使得他们能够更好地行使其所享有的权利。由此可以看出，虽然在法律上对他们的保护是平等的，但在现实生活中二者实质上是不平等的。受教育程度低、生活贫苦的群体很容易因知识匮乏、资源限制等因素而忽略了他们应当享有的权利，他们的权利也容易被变相剥夺，这种情况下，容易激发群众的不满从而引发社会矛盾。值班律师无偿为这些弱势群体提供法律服务，使他们能够及时了解案情和相关法律知识，对他们的权益进行有力保障，以便更好地行使自己的权利，尽可能避免矛盾发生。根据《刑事诉讼法》的规定，刑事案件速裁程序适用的条件之一，"犯罪嫌疑人、被告人承认自己所犯罪行，对指控的犯罪事实没有异议的；对适用法律没有争议，同意人民检察院提出的量刑建议"，即犯罪嫌疑人认罪认罚自愿性。如何保障刑事被追诉人认罪认罚的自愿性，如何保证认罪认罚案件速裁程序本身以及运作过程最大限度体现和实现公正，[①] 从而使刑事案件速裁程序"简程序不减权利"，这就需要值班律师制度的保障。通过在看守所和法院分别设置值班律师室，使接受速裁程序的犯罪嫌疑人、被告人都能获得值班律师的法律咨询和其他法律帮助，这是保证犯罪嫌疑人、被告人能够自愿认罪认罚的关键制度安排。原因有二：第一，有的犯罪嫌疑人、被告人犹豫是否认罪，他们侥幸地认为如果不供述可能会逃避法律追究。这部分人对于责任认定的证据标准没有清楚的认知，认为口供决定一切。第二，有的犯罪嫌疑人、被告人缺乏主动认罪的动力，既然普通程序能够保障完整的诉讼权利，那他们为什么要放弃部分权利而选择刑事速裁程序呢？换言之，如何保证犯罪嫌疑人、被告人相信放弃普通程序选择刑事速裁程序是明智的？公安机关、检察院、法院

---

① 李建民、陈春来：《认罪认罚案件速裁程序研究》，载《人民检察》2016 年第 7 期，第 18 页。

不适合担当解释说明的角色，因为犯罪嫌疑人、被告人本能认为与上述机构及人员是对立关系，所以他们的说话分量会打折扣。而值班律师则不同，对于犯罪嫌疑人、被告人来说，律师无异于他们的"救命稻草"。更何况，如果犯罪嫌疑人、被告人对瑕疵证据理解不适当，导致其认罪，什么样的结果可想而知。为防止犯罪嫌疑人、被告人在被胁迫或受利诱的情况下做出错误的认罪认罚而导致冤假错案的发生，也为了打消部分犯罪嫌疑人、被告人的侥幸心理，有必要建立一种保障犯罪嫌疑人、被告人认罪认罚自愿性的制度机制。不仅如此，唯有切实保证犯罪嫌疑人、被告人认罪的自愿性，才能减少犯罪嫌疑人、被告人出现诉讼反悔的概率，大大降低案件的上诉率，进而从整体上提高诉讼的效率。

四是实现程序公正。值班律师除了维护犯罪嫌疑人、被告人的合法实体权益外，更重要的是维护犯罪嫌疑人、被告人的程序性诉讼权利。[①] 因为，普通程序和简易程序相对刑事速裁程序而言，前两者诉讼程序更为完整，刑事被追诉人行使诉讼权利更为充分。如果缺乏足够的了解和信心，他们认为任何情况下后者都对自己不利。或者有的办案机关、办案人员为了早日结案，利用被追诉者急切想摆脱诉讼的心理，而夸大刑事速裁程序的优点，令其在懵懂中选择该程序。不

---

① 左宁：《论我国侦查阶段法律援助的缺陷与完善》，载《法学杂志》2013 年第 9 期，第 132 页。

管哪一种情况，刑事被追诉人的基本诉讼程序知情权都没有得到保障，这不符合程序正当性原则。此时，值班律师以第三者的身份客观地向刑事被追诉人讲解刑事速裁程序的适用条件、程序等有关内容，这无疑会增加被追诉者在认罪和程序选择等决策上的信心。刑事被追诉人在权衡利弊以后，作出最终的理性选择。这既是犯罪嫌疑人、被告人思考的过程，也是了解自己所犯罪行的性质、后果、需要承担何种责任的过程。这既维护了犯罪嫌疑人、被告人的程序主体地位，同时也加强了他们对诉讼过程以及诉讼结果的认可度，提高了司法效率。刑事案件速裁程序实际上是犯罪嫌疑人、被告人通过让渡部分诉讼权利，进而精简诉讼程序，以提高司法效率。但尤其需要注意的是，犯罪嫌疑人、被告人权利的让渡不是无限的，只有保障犯罪嫌疑人、被告人最低限度的诉讼权利，速裁程序才具有正当化依据。因此，无论是英美法系国家还是大陆法系国家，在刑事案件快速处理机制中，很多国家通过设置值班律师制度来保障犯罪嫌疑人、被告人最低限度的诉讼权利。此外，值班律师制度不同于以往的法律咨询，还涉及程序选择、认罪认罚真实性和自愿性等问题，属于辩护权的组成内容，通过值班律师制度为犯罪嫌疑人、被告人提供法律援助，可以促进辩护权保障的平等化、诉讼主体利益维护的实质化，进而最终实现刑事案件速裁程序的正当性。在确保司法公正的前提下提高司法效率、提升司法效益，是速裁程序的重要关注点和焦点所在，也是其正当性的立足所在。① 为了确保刑事速裁的程序正义，犯罪嫌疑人、被告人至少应有知悉权、程序选择权和辩护权与之抗衡。而行使程序选择权和辩护权的前提是其应当具有知悉权。只有犯罪嫌疑人、被告人知悉自身的诉讼境遇，才能保障其做出程序选择时的真实意愿。② 那么对于没有委托辩护人的诉讼当事人，可以申请值班律师的法律援助，就刑事案件速裁程序的适用条件、适用的案件范围、庭审的简化情况、享有的法律权利和适用该程序的法律后果等方面进行了解，在值班律师的解释说明之下，犯罪嫌疑人、被告人对于刑事速裁程序会有更直观、更全面的了解，再结合自己的实际情况，自行判断是否适用。相反，在没有律师帮助和庭审程序进一步简化的情况下，对犯罪嫌疑人、被告人进行审判是违背刑事诉讼法公平公正的基本原则的。"刑事诉讼无异于一场攻防竞技，只有控辩双方拥有均等的攻击和防御手段，才能平等地参与诉讼并最终赢得胜诉的机会和能力。"③ 因此，犯罪嫌疑人、被告人在不知道该程序相关内容的情况下作出的程序选择是无效的。值班律师通过向犯罪嫌疑人、被告人进行刑事速裁

---

① 樊崇义、刘文化：《我国刑事案件速裁程序的运作》，载《人民司法》2015年第11期，第43页。

② 刘广三、李艳霞：《我国刑事速裁程序试点的反思与重构》，载《法学》2016年第2期，第159页。

③ 谢佑平、万毅：《刑事诉讼法原则：程序正义的基石》，法律出版社2002年版，第132页。

程序相关内容和相关权利的告知，不仅向其提供了法律咨询、法律帮助，也保障了刑事速裁程序的公正性。很显然，如果被追诉人没有辩护律师，在缺乏专业知识又多数处于羁押状态的情况下，仅仅依靠自身力量是很难实现上述目标的[①]。

---

① 罗海敏：《论无律师帮助被追诉人之弱势处境及改善——以刑事法律援助制度的完善为视角》，载《政法论坛》2014 年第 6 期，第 113 页。

第二章

值班律师的角色定位

第一节　值班律师的角色定位纷争

一、值班律师的角色定位

关于值班律师的角色定位，学界主要存在三种观点：

第一，认为值班律师是特殊的法律援助律师。值班律师制度本质上是由政府指派，为缺乏法律帮助的援助对象提供法律服务的一项公益性制度。从文件字面逻辑上分析，多个中央发布的试点文件都将其命名为法律援助值班律师。但它又在产生方式、服务对象、法律服务的启动方式和援助内容上区别于传统的法律援助律师：值班律师不以当事人的委托而产生，而是由政府委派。无论是否有人前来寻求法律帮助，值班律师都会在法院、看守所值班，以便随时提供法律援助服务；服务对象具有不特定性；值班律师具有被动性，通常是在固定的地点被动地等待当事人前来咨询；值班律师制度的援助具有及时性和便利性的特点，但其法律援助内容往往局限于一般性的法律咨询和一些简单的法律帮助。

但是，根据《刑事诉讼法》的规定，对于符合法定条件的当事人，办案机关应当通知法律援助机构指派律师，即使不符合法定条件的当事人及其近亲属也可以申请法律援助律师。司法实践中，法律援助律师具有独立的通道和办案补贴，因此，值班律师明显不属于这种管理制度之下，在法律援助机构管理人员看来，值班律师不属于法律援助律师。

值班律师范围远大于法律援助律师，实质上既不是委托律师，也不是法律援助律师，而是起着补充辩护制度的作用，弥补了委托辩护律师、法律援助律师在帮助犯罪嫌疑人、被告人行使权利方面的空白地带，是第三种辩护类型。将值班律师看作法律援助的附庸，未免局限了值班律师制度的作用，使值班律师制度难以发展进步。

第二，认为值班律师是"准辩护人"。持该观点的学者认为，由于值班律师与当事人之间并不签订普通律师所需的专门的委托代理合同，因此并不能将值班律师简单地归属到普通辩护人的分类中，但是在法律地位上可以赋予其"准辩护人"的地位，并且在不同的诉讼阶段可以赋予值班律师以不同的身份：在侦查阶段，值班律师的角色应当是"法律帮助者"，这个阶段的值班律师以提供法律咨询为主，为犯罪嫌疑人提供法律咨询；在审查起诉以及审判阶段，值班律师的角色应当是"准辩护人"，在诉讼权利上与普通的辩护律师并无差异，对量刑协商等问题都可以作出有效辩护。然而这个观点的局限性在于，仅仅将对辩护的理解把控在了实体辩护上。所谓实体辩护，是指辩护人从定罪量刑的角度，对被告人是否有罪、犯了什么罪、是否应当处罚、如何进行处罚等问题提出有利于被告人的证据和意见。但是，目前"辩护人化"的值班律师虽然享有一定的辩护权利，但不能明确界定其权利边界。在现有的法律及规范性文件中有很多并未阐述清楚的权利内容，例如，阅卷权、会见权和调查取证权是辩护人了解案情的三项基本权利，也是辩护人为当事人提供有效辩护的基本保障，如果将值班律师"辩护人化"，那么值班律师是否应当享有上述辩护权利，又应该在多大程度上享有这些辩护权利？这些重要的问题，在"准辩护人"的理论定位中都亟待解决。

第三，认为值班律师是"实质辩护人"。根据《刑事诉讼法》的规定，律师参与刑事诉讼就是为了保护犯罪嫌疑人、被告人的权利不受侵害，行使辩护职能是律师的唯一使命。倘若值班律师仅仅作为法律帮助者，是无法像辩护人一样通过行使辩护职能来实现对犯罪嫌疑人、被告人的诉讼权益保障的。此观点认为，值班律师制度最突出的作用就是及时给予犯罪嫌疑人、被告人法律援助，弥补委托辩护律师、传统的法律援助律师在帮助犯罪嫌疑人、被告人行使诉讼权利方面的空白地带，它是一种独立辩护类型，具有补充辩护制度的作用。因此，完善值班律师的关键在于明确值班律师的性质及角色定位。

二、值班律师角色定位之我见

首先，在《法律援助法》和《法律援助值班律师工作办法》等法律和规范性文件中都将值班律师定位为"法律帮助者"，规定了值班律师的主要职责就是为犯罪嫌疑人、被告人提供法律咨询、程序选择、申请变更强制措施、量刑协商等法律帮助。

其次，值班律师产生方式有别于委托律师和法律援助律师，辩护律师身份的取得只有两种途径：基于当事人的委托和法律援助机构的指派。而立法者有意将值班律师与普通的辩护律师作出区分，故而规定了值班律师的产生既不是基于当事人的委托，也不是法律援助机构针对个案的专门指派，而是统一安排到看守所和法院，为当事人提供法律服务。这就避免了法律帮助者与辩护人角色产生混淆。

最后，值班律师的职责有别于辩护律师和法律援助律师，根据《法律援助值班律师工作办法》第 6 条的规定，法律援助值班律师不提供出庭辩护服务，可见出庭辩护权利专属于辩护律师。相对于辩护律师和法律援助律师提供的实质性辩护，值班律师承担的却是一些初步性、临时性、便捷性的法律咨询与法律服务职责。因此，将值班律师角色定位为"法律帮助者"更符合法律规范文件、目的及职能上的规定。

从最高人民法院、最高人民检察院、公安部、司法部等机关发布的各种相关法律规范文件来看，值班律师是处于法律帮助者的地位，不是传统的刑事辩护律师，二者是相互区别的，由此最终形成"辩护律师—法律援助律师—值班律师"三级阶梯式的律师帮助体系①，首先，从《刑事诉讼法》和《法律援助值班律师工作办法》的规定来看，值班律师明确定位是法律帮助者。其次，值班律师的"效率"价值取向阻碍其充当"辩护人"角色。② 为了提高司法行政效率，在犯罪事实清楚、犯罪嫌疑人确定的情况下，通常来说，并不会让值班律师接手。在实践中，通常由更加专业的刑事辩护律师出庭辩护。

第二节 值班律师制度与认罪认罚

对于值班律师制度的完善，理论界普遍观点是采取二元化模式，针对值班律师参与案件的不同而区别对待。在此框架下，可以明确值班律师制度作为刑事法律援助的一种特殊形式，不仅适用于认罪认罚案件，也同样适用于普通程序案件。中国政法大学吴宏耀教授明确指出，值班律师与认罪认罚制度之间不是"唯一"的关系，而应准确界定为"之一"

---

① 魏洲：《认罪认罚从宽案件值班律师参与问题研究》，华中师范大学 2019 年硕士论文。

② 张泽涛：《值班律师制度的源流、现状及其分歧澄清》，载《法学评论》2018 年第 3 期，第 70 页。

的关系，值班律师并不是纯粹为认罪认罚制度设置。作为一种特殊的刑事法律援助服务方式，值班律师旨在确保没有辩护人协助的被追诉人都能获得最基本的法律帮助，因此，需要跳出认罪认罚，从刑事辩护的角度来看待值班律师制度的重要性。

2017 年，我国开始刑事案件律师辩护全覆盖试点工作，根据《关于开展刑事案件律师辩护全覆盖试点工作的办法》第 2 条规定，刑事辩护全覆盖形式有两种：第一种是指在审判阶段，为不应该去接受普通审判的、没有辩护人的被告人提供法律援助律师；第二种是对在审前程序、简易程序和速裁程序中没有辩护人的，提供值班律师。所以，值班律师制度的建设首先要解决全覆盖的问题，而不应当仅仅禁锢在认罪认罚案件中。值得注意的是，考虑到在认罪认罚案件中，由于对罪与罚原则上没有争议，被追诉人通常不会再去委托辩护律师，他可能因此便没有得到任何律师的帮助。而在适用普通程序的案件中，由于案件争议较大，被追诉人不认罪认罚，往往会委托辩护律师。由此，我们可以看出，非认罪认罚案件中值班律师的法律帮助和地位与认罪认罚案件相较，是不能比拟的，这也是本书将值班律师制度置于认罪认罚案件中研究的主要原因。

近年来，我国律师人数不断增加，但与庞大的刑事案件数量相比还是明显不足，律师地域分布不平衡成为制约"刑事案件律师全覆盖"的主要瓶颈，且值班律师选任、薪资待遇等规定还不够完善，资源紧缺等问题非常严重，西部地区尤为突出。目前值班律师的实质有效参与不够不仅仅是权利没有得到保障的问题，更多的是许多地方缺乏律师资源，从刑事辩护制度的发展来看值班律师的问题，确保有适格的刑事辩护律师参与到值班律师工作当中，这是我国律师发展制度中的一个基础性问题。认罪认罚制度的实施有效配置了当前有限的资源，提高了诉讼效率。为进一步优化认罪认罚制度，我国通过建立和完善值班律师制度，在防范冤假错案的发生、维护司法公正等方面发挥了积极作用。

首先，值班律师实质性地参与案件，可以使被追诉人的人权不受恶意侵犯。值班律师制度的建立，使不论涉及何种类型的犯罪案件，不论被追诉人的家庭经济条件如何，都可以得到来自值班律师的法律帮助，故该制度体现了我国在司法活动中尊重和保障人权，遵守了《宪法》的重要原则。

其次，值班律师有效地参与刑事案件中去，可以实现控辩双方在庭审中相对平等的较量，防止冤假错案的发生。值班律师不似普通辩护律师，不能为当事人在法庭上进行辩护，但是值班律师能够为他们提供咨询、解释法律概念、指导其选择适合自己的诉讼程序，这些也可以帮助促成控辩双方形成相对平等的抗衡地位，防止冤假错案的发生。

最后，值班律师有效地参与到案件中去，可以提高案件的结案效率。当前，犯罪案件数量较大，而司法机关资源不够充足。值班律师实质有效参与案件后，能够解答犯罪嫌疑人、被告人的担忧和疑惑，调和其与司法机关工作之间的矛盾，矛盾解决后，他们从思想上便不再排斥司法机关的工作，双方配合的情况下就能减少诉讼耗时，提高结案效率。

第三节 认罪认罚制度下值班律师的作用

一、保障司法效率的提高

在一般刑事诉讼案件中，依照正常的司法审判程序进行审判的犯罪嫌疑人或者被告人，在整个案件的审理过程中拥有很多可以保障其行使无罪辩护权的条件。但是，适用认罪认罚制度的犯罪嫌疑人、被告人因为其选择了认罪认罚，对检察机关确定的罪名自由认可、量刑的建议自愿接受。这也代表其完全放弃了对自身无罪进行辩护的权利，所以原来的审理审判程序将被简化，一般适用速裁程序和简易程序。如果犯罪嫌疑人、被告人放弃了其无罪辩护权，也就意味着在司法审判过程中，被告人可以行使其辩护权最重要的法院调查和案件辩论会被简化，法官将直接依据公诉方宣读的起诉书来确定被告人的具体犯罪事实、起诉的罪名并对检察机关提出的量刑意见进行考察决定是否采纳。这使得被告人辩护权行使的机会大大减少，因此在认罪认罚案件中值班律师的作用就显得十分重要。如果值班律师的定位不明确，仅仅作为"见证人",那基本上就表明犯罪嫌疑人、被告人的无罪辩护权完全丧失。这就有违值班律师制度建立的初衷,损害法律的公正,致使在认罪认罚案件中犯罪嫌疑人、被告人唯有的辩护权受到侵犯。如果犯罪嫌疑人对认罪认罚制度不了解,对自身情况无法充分明晰,很少有犯罪嫌疑人会倾向选择认罪认罚;甚至还有被告人在适用认罪认罚制度审判后,又出现反悔上诉的情形,严重影响了司法效率,浪费了司法资源。在值班律师实质有效参与认罪认罚案件后,值班律师通过为犯罪嫌疑人、被告人针对其自身的犯罪事实进行分析,让其明白自己犯罪行为的社会危害性已经能够进行刑事追诉,以及为犯罪嫌疑人、被告人解读认罪认罚制度,对其是否选择认罪认罚产生的不同法律后果进行分析。在保证犯罪嫌疑人、被告人充分了解具体情况后,对其进行劝服教育,可以保障犯罪嫌疑人、被告人认罪认罚的自愿性以及降低犯罪嫌疑人认罪认罚后又反悔上诉的发生率,有利于节约司法资源,提高司法效率。

二、保障司法公平公正

在实际的执法和审判工作过程中,面对着代表国家公权力的执法机构和司法审判机关,犯罪嫌疑人、被告人必然地处在一个较为弱势的地位。在认罪认罚案件中,部分执法机关和检察机关可能会存在刑讯逼供、暴力威胁、欺骗等方法致使犯罪嫌疑人、被告人在非自愿的情况下认罪认罚。而值班律师的一个重要作用就是在认罪认罚案件中对执法机关和检察机关的工作进行监督，对其工作过程进行见证。值班律师负有为犯罪嫌疑人、被告人解读认罪认罚制度的相关规定以及告知其享有的一系列权利的义务，确保犯罪嫌疑人、被告人认罪认罚的自愿性。因此，在一定程度上，只有值班律师的定位清晰明确，在实际的认罪认罚案件中，值班律师才能真正地发挥其作为案件的参与者、监督者的作用，才能更好地保障我国司法审判的公平公正。只有值班律师实质有效参与认罪认罚案件，才能真正行使自己作为参与者、监督者的权利，才能更好地保障司法审判程序的公正性，以及实体审判的正义性。只有在值班律师实质有效参与认罪认罚的前提下，才能真正地为犯罪嫌疑人、被告人提供法律咨询，帮助其分析如何选择程序，再结合控辩双方的综合情况，对犯罪嫌疑人、被告人在认罪认罚和不认罪两方面进行分析，将两种选择产生的不同法律后果告知犯罪嫌疑人、被告人，让其在充分了解情况后作出正确的选择。

三、保障控辩协商的平等性

关于认罪认罚从宽案件中是否存在控辩协商的问题，法学界和律师界对此多持肯定态度。陈瑞华教授认为，在认罪认罚从宽案件中引入控辩协商是不可避免的一项配套措施[1]。

---

[1]　魏洲：《认罪认罚从宽案件值班律师参与问题研究》，华中师范大学 2019 年硕士论文。

在我国认罪认罚案件中，公诉方在确定罪名和作出量刑建议以及使用何种诉讼程序等方面能否与被追诉人协商一致，是能否适用认罪认罚制度的一个十分关键的问题。因此，在认罪认罚案件的协商过程中公诉方和犯罪嫌疑人、被告人就应当处在一个相对平等的地位上。但在一般情况下，犯罪嫌疑人、被告人毕竟无法做到和公诉方以及审判机关具有同等水平的专业知识和技能，同时，适用认罪认罚制度的犯罪嫌疑人、被告人一般都处在被羁押状态中，自然也就无法保障其可以和公诉方一样自由地行使调阅卷宗等权利。在这种情况下，如果可以保障值班律师实质有效参与到认罪认罚案件中，就可以对这种不平等进行弥补。值班律师利用自己的专业知识和技能，通过为犯罪嫌疑人、被告人提供法律咨询和相关法律解读，代替犯罪嫌疑人、被告人进行查阅卷宗并为其就犯罪事实进行分析，结合法律进行讲解，使犯罪嫌疑人、被告人可以在对自己的犯罪事实和相关法律充分了解的情况下与公诉机关进行协商，有利于保障控辩协商的平等性。这对犯罪嫌疑人、被告人选择认罪认罚后，对公诉机关确定的罪名以及给出的量刑建议有更高的认可度。有利于防止犯罪嫌疑人、被告人怀有侥幸心理，在认罪认罚后又反悔上诉，同时又可以有效防止公诉机关的权力滥用。

四、保障犯罪嫌疑人、被告人合法权益

值班律师制度是我国法律援助制度的重要组成部分，是

保障犯罪嫌疑人、被告人权益的有效途径。权益保障关乎全面依法治国的落实，而全面依法治国离不开值班律师制度的体系设计与完善。① 值班律师制度的进一步完善，能够更好地维护我国司法制度，保障司法公正，更好地保障人权，保证犯罪嫌疑人、被告人认罪认罚的自愿性和合法性。值班律师制度能够保证没有辩护人的犯罪嫌疑人、被告人获得辩护权，是一种全覆盖式的保障。这里的自愿性和合法性，不仅仅是实体上的相关法律法规的规定，还包括程序上的合乎法律规定的程序。因此，值班律师制度在最大程度上保护了犯罪嫌疑人、被告人的辩护权，是我国刑事辩护制度的重要补充。值班律师制度的进一步发展完善，有利于在最大范围内更好地保护犯罪嫌疑人、被告人的基本人权，使被告人、犯罪嫌疑人在自主真实的意思上，自愿接受我国法律的制裁。值班律师应当恪守律师职业道德，不断提高自己的专业化水平，丰富自己的专业知识，以便更好地维护犯罪嫌疑人、被告人的辩护权。从某种程度上来说，值班律师制度也是被告人、犯罪嫌疑人辩护权的延伸。

---

① 王燕玲：《值班律师制度的重要作用》，载《中国司法》2020 年第 10 期，第 89-91 页。

| 第三章 |

值班律师实质有效参与

第一节　实质有效参与的概念

一、有效辩护与实质有效参与

有效辩护原则不仅体现着辩护权，同时也保障着辩护权。有效辩护的基本要求是：在刑事诉讼中，辩护应当对保护犯罪嫌疑人、被告人的权利具有本质意义上的影响，而不能单单停留于表面形式。[①]"有效辩护"的概念源于美国，《美国宪法第六修正案》规定，在任何刑事诉讼中，被告人都享有获得律师帮助的权利。被告人的这一宪法性权利被我国学者称为"有效辩护权"。它强调律师在刑事诉讼过程中认真履行辩护职责，并积极提出有利于被告人减轻或豁免罪责的辩护意见。《布莱克法律词典》记载："刑事辩护律师认真履行辩护职责，律师就其所拥有的权利为被告提出建议，并积极提出有利于被告减轻或豁免的辩护意见。因此，可以实现检察

官和辩护人所期望的合理结果。"美国大法官萨瑟兰阐述过这样一个观点："律师辩护权等同于获得律师的有效辩护，被追诉人所享有的律师辩护权不仅仅局限于律师形式上的代理。"

有效辩护原则的内容主要体现在以下几个方面：

第一，对于弱势方来说，他们自身就处于不利地位，所以对他们的保护必须得到有效落实。诉讼的全过程，他们都应该享有辩护权。比如，在案件的审判过程中，法庭会给被告人和辩护人完整表达意见的机会，在通常情况下不会限制他们发表意见的时间，这样被告人的辩护权就可以得到充分的保障。

第二，许可犯罪嫌疑人、被告人聘请有资质且有经验的人为其辩护。

第三，国家对此安排了相应的法律援助制度，以帮助缓解弱势方诉讼地位不利的情况，使他们可以更加顺利地获得律师帮助，保证最低限度的援助。

有效辩护原则是社会不断发展、科技不断进步的必然产物，体现了刑事诉讼法保障人权的初衷，同时有助于提高辩方的应诉能力，改善其弱势地位，从而进一步促成控辩平等对抗，促进司法公正。《刑事诉讼法》的内在要求是为被追诉人提供有实际效果的辩护，这也是《刑事诉讼法》原则之有效辩护原则的内涵，值班律师制度就是在犯罪嫌疑人自身没有辩护人并且达不到法定的援助条件，为弥补"无人帮助诉讼"情况而产生的一种制度。若要使得该制度实现应有的功能，需要保证值班律师能够加入诉讼活动中去，并且这种加入是"实质性的加入"。判断值班律师是否实质性参与到具体案件中，应当考虑以下几个方面的内容：第一，确保被帮助者获得的法律帮助是充分的并且是对其有效的；第二，保证值班律师有与其所承担义务相匹配的权利，并且能无障碍地行使它们；第三，当他们为被帮助人提供帮助时，司法机关可以给予相应的配合和支持。总而言之，判断是否实质有效参与具体案件的标准就是值班律师在诉讼过程中有无具体帮助行为，且该行为在具体环节中能否真正发挥作用。

截至目前，有效辩护在学术界和司法界都没有统一的界定。律师的有效辩护包含两个方面：一方面是程序上的有效辩护，程序上的有效辩护主要是根据《刑事诉讼法》和司法机关的刑事诉讼程序完成的辩护，其是否有效主要在于是否遵循司法机关的程序规定；另一方面是律师实质上的有效辩护，主要指的是律师在刑事诉讼过程中依据自身条件，如法律体系知识的掌握、辩护经验的多寡、临场应变能力以及对证据的掌握和利用程度等，为委托人提供实质有效的辩护。委托人对律师辩护结果的满意程度也是衡量律师是否进行有效辩护的重要衡量标准之一。在诉讼案件中，律师完全按照司法机关的要求进行了程序方面的辩护，也充分运用了自身的专业知识、经验为委托人进行了实质的辩护，但是由于辩护没有达到委托人想要的结果，可能在委托人看来律师进行的辩护就不是有效辩护。因此，确定律师的辩护是否为有效辩护，不同的人有不同的观点；站在不同的立场，也会得出不同的结果。

二、有效辩护的理念

从我们一般人的角度出发，有效辩护一般是说律师帮助被告人成功地解决了问题。但如果律师并未有效地解决问题或者没有提供有效的实质法律援助，那么就不能称为有效辩护。整体来看，有效辩护通常有以下条件：律师要具备一定的法律知识储备并可以熟练运用；律师应当从被告人角度出发，维护其合法权益；律师在辩护之前要做好充分的准备工作；即使会见有时会存在一些困难，律师也应该及时去会见委托人，在一些重要问题上要达成共识；律师还应展开相应的调查，去找寻有利于委托人的材料或证词①。

有效辩护具有一定的开放性。从本质上来讲，我国规定的各种律师制度对实现有效辩护都有着积极的意义②。《律师法》对律师从业就提出了一系列的要求，如有关律师未经许可不得泄露秘密的规定，这就使律师会更多地为当事人考虑；有关禁止同一律师或同一律师事务所的律师为共同被告人提供法律帮助的规定，在一定程度上可以避免一定的钱财纠纷；

---

① 闵春雷：《认罪认罚案件中的有效辩护》，载《当代法学》2017 年第 4 期，第 27-37 页。

② 魏晓娜：《审判中心视角下的有效辩护问题》，载《当代法学》2017 年第 3 期，第 101-110 页。

有关法律援助制度的设定，具有一定的价值。

有效辩护也是刑事辩护制度改革的根本方向，近年来对辩护制度的小修小补，都无一不在维护着有效辩护。对律师什么时间介入以及以何种方式介入的规定，是为了保证犯罪嫌疑人、被告人及时见到律师；律师保障委托人知情权和律师与委托人得到充分交流的规定，也在维护着有效辩护的价值。有效辩护的理念也为我国律师提供了新的职业方向，它的不断发展，为改革提供源源不断的动力。我们可以这样说，一开始被告人仅有权获得辩护，到后来，被告人有权获得律师的辩护，到如今的被告人有权获得律师的有效帮助，辩护的发展历程表明我国刑事诉讼在不断朝着积极的方向发展，同时也体现着我国辩护制度的深化和规范的改良。

三、无效辩护的法律效果

当律师没有顺利地解决问题时，并不能因此判定律师提供的辩护服务是无效的。无效辩护是指律师的辩护存在明显的错误，以至于对被告人产生了不利的影响。构成无效辩护，律师除了客观上存在辩护方面的缺陷以外，还要对被告人造成较为严重的消极后果①。

无效辩护成立后，法院经过审查发现律师有重大过错造成了严重且无法挽回的后果，那么一般而言原审判决便会随

---

① 李本森：《美国刑事无效辩护制度及其对我国的借鉴》，载《北方法学》2016年第6期，第140-149页。

之撤销，同时可以宣判它的无效。原判被撤销后，还需要将案件发回原审法院重新审理，将案件的诉讼程序恢复到最初的阶段，原审法院也有重新启动审判程序的机会。但无效辩护与原审法院的程序错误在性质上并不相同。无效辩护主要是律师在辩护过程中有着明显的失误，而这种失误足以导致严重的后果。无效辩护并不是没有作用，它以反面方式保障有效辩护。

第二节　值班律师实质有效参与的价值

一、现代诉讼构造的内在要求

我国实行现代刑事诉讼制度。这与古代的纠问制存在极大区别，最主要的是无罪推定原则，即任何人在被司法机关判定有罪之前，没有任何人可以宣告其有罪。基于此，控审分离就十分有必要，原则上控方应承担举证责任，被追诉人不需要承担证明责任。由于被追诉人的弱势地位，其反而得到了大范围的保护，享有不断增强的辩护权，有望与控方进行平等的较量。在这相互博弈的过程中，为了实现司法公正的终极目标，司法工作人员必须坚持公正且中立的原则，不能夹杂个人的情感。这样就形成了控辩审三方独立的格局。

但刑事辩护也有着固有的缺陷，刑事辩护要想真正做到独立并不是一件轻松的事。为此，国家为了建设并保持控辩平等、控审分离、审判中立的整体格局，大部分情况下采取了取长补短的方法。将如今的法律制度与过往的相比较我们会发现，它们呈现出许多共同的特点：其一，弱势一方的权利一直在被强化；其二，控诉方的权力一直被不断地削弱；其三，通过设立各种制度来尽力保证审判的公平公正公开。

二、现代刑事辩护的法律理论不断完善

在现代法治社会产生之前，刑事辩护也存在于生活的方方面面，但是并没有普及到每一位社会成员，没有成为公民的一项基本权利，没能发挥特有的独立功能，也并未存在于整个诉讼过程之中。现代法治国家针对上述问题解决得非常好①，这主要是因为，现代刑事辩护各个方面都是由法律来加以约束，如权利或职能。这种约束主要体现在两个方面，首先是不断完善的有关刑事诉讼方面的法律制度，其次是不断巩固现有成果，继续向积极的方向发展②。

刑事辩护的发展程度，在一定程度上体现着一个国家刑事诉讼制度的先不先进，同时也体现着一个国家是否重视人权，是否注重保护个人权益，也决定着未来国家发展的快慢。从最近几年世界整体诉讼的进度来看，制度的进步无不体现

---

① 白冬：《人权保障：现代刑事诉讼之灵魂——兼论中国刑事诉讼人权保障之理念》，载《南都学坛》2003 年第 1 期，第 101-104 页。
② 孙记：《现代刑事诉讼结构论的法理学分析》，吉林大学 2007 年博士论文。

在法律的进步上。刑事辩护法律制度的进一步发展并不是孤立的，它与刑事诉讼法律制度中的其他各项具体制度都有着特别多的联系。假如无罪推定原则没有被确立或广泛应用，刑事辩护不可能有如今的发展势头；如若非法证据排除规则没有被确立或广泛应用，刑事辩护便不会有生存的空间，被告人的沉默权也不会得到保障；如果没有证据开示制度，弱势方的知情权利便无从实现，刑事辩护便成为假大空；假如没有司法审查制度，保释这项权利就不会落实到位；假如没有对违法办案行为的制裁，对弱势方的辩护就会无从下手。诸如此类的情况还有很多，总而言之，刑事辩护制度的完善也在推动着法律进步①。

要保障人本身的自尊，就要求我们重视个体的人权和尊严。需要特别注意的是，我们的人格尊严不得被侵犯，在日常生活交往中应注意保护人格平等，在早期该种理念为弱势方提供了强有力的思想支持。首先，它强调每个人都是有尊严的，并且都应得到公平的对待。康德认为，尊严是人留在血液里的天性，每个人都会追寻自己的目标，找寻自己的方向，而不会被别人当作实现目的的手段，每个人的最终目的都会落实在本人身上。任何法律权力都不得触及人的生活底线，不能使人丧失固有的人格。即使在刑事诉讼中弱势方也不能被视为客体，而必须将其当作有尊严的主体去看待。黑

---

① 卞建林：《中国特色刑事诉讼制度的重大发展》，载《法学杂志》2012年第5期，第1-8页。

格尔认为犯罪者不是单纯的客体，他也是一个可以自由决定命运的人。其次，每个主体之间都是平等的。于公于私，权责总是统一的，有权必有责，任何机关和个人不得拥有超越法律的特权，不得拥有凌驾于法律之上的意志，也不得将个人的意志施加于别处。孟德斯鸠认为公与私一直是平等的，这种平等一般仅指程序上，只有在诉讼过程中才可以获得。对此我们提出了一个基本要求，那便是互相要有沟通与交流，每个参与人都会对结果产生或多或少的影响。被告人的辩护权则是反映司法平等十分重要的一个指标。主体享有权利便一定会承担责任，这是主体平等带来的影响，诉讼主体的权利也必然以其义务为前提，如果仅仅有权无责或有责无权，便会导致不平等的发生。

判定值班律师的实质有效参与，是否依法履行职责、落实法律帮助实质化是一个较为中肯的考量因素。在认罪认罚案件中，根据刑事诉讼法规定，除了《刑事诉讼法》第 36 条规定的一般职责之外，值班律师还负有两项特殊的职责：一是人民检察院在审查案件的时候应当听取值班律师的意见；二是在犯罪嫌疑人签署认罪认罚具结书的时候，值班律师应该在场。同时，为避免值班律师沦落到"消极见证人"的尴尬处境，促使辩护律师积极行使权利，保障当事人的合法权益，做到实质有效参与案件，有必要明确值班律师制度相对于认罪认罚自愿性发挥的保障作用是一个必要条件，而非充要条件。

在司法实践中，许多律师认为做了值班律师后，一旦在认罪认罚具结书上签字，如果事后证明被追诉人是虚假认罪，会承担相应的法律责任，因此这对于值班律师的参与具有很大的消极作用，更无须提及实质有效参与。针对该种现象，中国政法大学吴宏耀教授明确指出，值班律师制度是一种保障制度，而不是保证制度，同时值班律师制度作为保障制度，并不能因此忽略检法机关负有的对自愿性承担的保障义务。

从值班律师角度分析，值班律师参与刑事诉讼的责任是非常有限的，只须履行法定职责，在立法设计上更为强调检察机关的主导作用，审查起诉过程中坚持证据裁判原则，不仅仅要求被追诉人本人认罪认罚，还要求检察机关进行事实审查，二者相辅相成，为值班律师在认罪认罚案件中的实质有效参与提供有力的保障。

第三节　值班律师实质有效参与的制度要求

我国值班律师制度存在起步晚、发展慢的问题。在 2018 年《刑事诉讼法》修订之前，一直是作为试点，直到 2018 年《刑事诉讼法》的第三次修订才将值班律师制度正式确定为一项法律制度。《刑事诉讼法》中关于值班律师的规定共有三处：一是第 36 条规定了值班律师的适用条件、职责和介入程序；二是第 173 条规定了人民检察院听取值班律师意见并为值班律师提供必要便利；三是第174条规定了犯罪嫌疑人在签署认罪认罚具结书时值班律师的在场权。随后在2019年，最高人民法院、最高人民检察院、公安部、国家安全部、司法部共同制定了《关于适用认罪认罚从宽制度的指导意见》（以下简称《认罪认罚意见》），在关于犯罪嫌疑人、被告人的辩护权保障中，规定了值班律师的介入情形、职责和履职方式；在侦查机关的职责中，规定了公安机关应当听取值班律师意见；在审查起诉阶段人民检察院职责中，规定了人民检察院应当听取值班律师意见和值班律师见证犯罪嫌疑人签署认罪认罚具结书；在审判程序和人民法院职责中，规定了人民法院应当听取值班律师意见。显然，值班律师的职责贯穿整个诉讼程序，在侦查阶段、审查起诉阶段、审判阶段，每个阶段的办案机关都应当听取值班律师的意见。2020年8月，最高人民法院、最高人民检察院、公安部、国家安全部、司法部出台了《法律援助值班律师工作办法》，该法律文件是专门为保障犯罪嫌疑人、被告人依法享有诉讼权利，加强人权司法保障，进一步规范值班律师工作而制定出台。2021年8月20日，全国人大常委会通过了《法律援助法》，该部法律对值班律师履职过程中的程序性问题作了较为明确的规定，同时也明确了人民法院、人民检察院、公安机关有为值班律师提供工作便利的义务，为值班律师履职，更好地发挥其作用扫清了障碍。

随着我国法律法规的不断完善，值班律师制度也趋于成熟。值班律师的实质有效参与包括值班律师的权利设定、权力支持、监督机制、管理机制、保障机制和救济机制等方面内容。

一、值班律师的权利设定

权利是法律范围内的自由，也是值班律师履行职责的边界所在。值班律师的权利设定是其实质有效参与的前提和保证。一方面，只有拥有相应的诉讼权利，值班律师才能履行相关法律职责，维护当事人乃至自身的合法权益；另一方面，权利设定的缺失，必然导致值班律师无法履行相关职责，从而难以实质有效参与刑事诉讼。

从值班律师的角色定位来看，值班律师的权利既包括作为一名值班律师所具有的合法权利，也包括其作为诉讼辩护人所具有的诉讼权利。具体而言，主要包括法律帮助权、会见权、阅卷权、在场权等权利。

值班律师的权利在认罪认罚案件中体现得比较集中，这是由认罪认罚案件的特殊性和广泛性决定的。认罪认罚从宽制度的目的是推动案件繁简分流，节约司法资源。大部分被追诉人在审前阶段就已经自愿认罪认罚，如果对其适用速裁程序，那么还会省略法庭调查和辩论等环节，导致被追诉人的权利锐减，因此，在认罪认罚案件中，值班律师能否提供有效法律帮助就显得尤为重要。

1. 值班律师的法律帮助权

该项权利内容丰富，在《法律援助值班律师工作办法》中列举了六项，分别是提供法律咨询，提供程序建议，帮助犯罪嫌疑人、被告人申请变更强制措施，对案件处理提出意见，帮助犯罪嫌疑人、被告人及其亲属申请法律援助和法律法规规定的其他事项。法律帮助是一个概括性的权利，具体表现为值班律师有权帮助犯罪嫌疑人、被告人提出建议和意见。从值班律师的法律地位来讲，《刑事诉讼法》第36条规定了值班律师的法律地位，值班律师为犯罪嫌疑人、被告人提供法律咨询、程序选择建议、申请变更强制措施、对案件处理提出意见等法律帮助。2021年颁布的《法律援助法》明确规定了值班律师属于法律援助机构的人员，由法律援助机构派驻人民法院、人民检察院和看守所等场所，也明确了值班律师的帮助是法律援助形式之一。《法律援助值班律师工作办法》第2条规定："本办法所称值班律师，是指法律援助机构在看守所、人民检察院、人民法院等场所设立法律援助工作站，通过派驻或安排的方式，为没有辩护人的犯罪嫌疑人、被告人提供法律帮助的律师。"在我国，对于值班律师法律地位的认识是提供法律帮助，因此可以得出，值班律师所担当的角色不是"辩护人"，而是犯罪嫌疑人、被告人的"法律帮助者"。关于法律帮助，不能理解为纯粹的辅助或协助，真正意义上的法律帮助，是要替他人切实解决法律问题，排除具体的法律困难，主动地从实务上、精神上给予法律上的支持。

总之，值班律师不是一个被动的法律顾问，也不是国家对穷
人的"施舍"①。正是因为值班律师的法律帮助的地位，才被
赋予了法律帮助的权利。值班律师的法律帮助权不同于律师
的辩护权，但是两者有着相同的目标，均是为了维护犯罪嫌
疑人、被告人的合法权益。尽管值班律师的法律帮助权与辩
护权在具体操作层面有所差异，但是为值班律师设置的法律
帮助权具有灵活性和便捷性，可以弥补传统辩护权所存在的
不足。

　　在刑事诉讼的不同阶段，法律帮助权有不同的内涵和意
义。在侦查阶段，刑事诉讼中的强制措施是审前阶段对犯罪
嫌疑人人身自由权利的最大限制，对犯罪嫌疑人及其亲属的
影响巨大。由于立法规定强制措施旨在预防犯罪嫌疑人再犯
罪，保障刑事诉讼程序的顺利进行，因此，对于情节较轻、
社会危害性较小的刑事案件，应当减少适用羁押性强制措施。
但是，在司法实践中，一些侦查机关为了方便取证，仍然沿
袭传统的"以拘代侦"思维，导致认罪认罚案件的审前羁押
率并没有大幅度的下降。这种做法与设立认罪认罚从宽制度
以减少羁押率的恢复性司法理念是相悖的。因此，对于犯罪
嫌疑人认罪认罚特别是适用速裁程序审理的案件，侦查机关
和值班律师应当审慎考查羁押的合理性和必要性，只要犯罪
嫌疑人符合取保候审、监视居住的条件，值班律师应当及时

---

　　① 　蔡元培：《法律帮助的理念误区与教义形塑》，载《宁夏社会科学》2021 年
第 1 期，第 95 页。

建议办案机关对犯罪嫌疑人采取非羁押性的强制措施，并为其办理取保候审等变更强制措施的申请和手续。

对于被完全限制人身自由又缺乏法律专业知识的被追诉人而言，值班律师及时提供法律咨询帮助往往可以决定被追诉人认罪认罚的自愿性和真实性，影响着诉讼程序的选择与适用，甚至影响着案件最终的实体处理结果，因此，将犯罪嫌疑人在侦查阶段依法享有的《刑事诉讼法》规定的基本权利以及认罪认罚从宽制度的具体内容及时告知被追诉人是值班律师的基本责任。在被追诉人选择认罪认罚之前，值班律师应当使被追诉人清晰知晓认罪认罚通常会产生的法律后果，并结合案情和被追诉人的意愿，协助其根据自身的实际情况进行合理的程序选择。

在审查起诉阶段，被追诉人一旦选择认罪，其关心的重点便是量刑，值班律师在充分了解案件事实和证据的基础上，运用法律专业知识与检察机关积极地展开量刑协商，为被追诉人争取合理的量刑结果。由于量刑问题涉及判处被追诉人是实刑还是缓刑以及具体的量刑幅度问题，直接关系到对被追诉人人身自由和财产的处置，对被追诉人及其亲属来说影响巨大，因此，值班律师提前与被追诉人进行充分的沟通，根据法律、证据和被追诉人的意愿，独立地对量刑提出专业化的意见对于维护被追诉人合法权益是必要的。

2. 阅卷权

理性的认罪认罚是建立在信息对称的基础上的，在被追诉人并不享有阅卷权，对自身处境并不了解的情况下，难以保障其自愿理性的认罪认罚。[①] 我国刑事诉讼中的被追诉人虽然不享有阅卷权，但在律师参与的情况下，通过辩护律师的阅卷可间接实现阅卷权。如上所述，阅卷权的保障是有效法律帮助的基本要求。值班律师虽然不具备辩护人的独立诉讼地位，但基于其行使的法律帮助职能，也应当得到一定的阅卷权。2022 年，最高人民法院、最高人民检察院、司法部、公安部出台的《关于进一步深化刑事案件律师辩护全覆盖试点工作意见》赋予了值班律师查阅案件材料的权利。在没有委托辩护律师的情况下，通过值班律师的阅卷，被追诉人能够间接了解案情，得到有效帮助，从而作出明智的选择。具体到认罪认罚案件中，自案件审查起诉之日，值班律师就应当享有查阅案卷的权利，办案机关应当积极配合。在充分查阅案卷的基础上，值班律师方可为被追诉人提供理性的法律咨询与程序选择方案。

3. 会见权

充分会见是保障被追诉人与律师有效沟通、协商，达成有效帮助的基本要求。深入了解案件基本事实，仅仅依靠简单地阅卷是不够的，赋予值班律师会见权，使值班律师能够

[①]　韩旭：《辩护律师在认罪认罚从宽制度中的实质有效参与》，载《南都学坛》2016 年第 6 期，第 12 页。

与被追诉人通过会见，来掌握基本案情。

4. 在场权

该项权利主要是指在认罪认罚案件中，被追诉人签署认罪认罚具结书时，值班律师有权在场。值班律师见证认罪认罚具结书签署过程应当是立法规定的一种监督制约机制，值班律师所扮演的角色应当是诉讼程序的监督者。被追诉人自愿认罪并认可量刑建议是适用认罪认罚从宽制度的两个缺一不可的前提条件，人民检察院对这一制度的适用只有建议权，不能强制被追诉人选择适用该制度，而应充分尊重被追诉人的自主决定权。因此，值班律师在此阶段应当实质核实、审慎判断被追诉人认罪认罚的自愿性与真实性，避免出现被强迫、非自愿的无辜者认罪的结果[①]。当值班律师发现被追诉人认罪系被强迫或非自愿，抑或司法人员出现认识错误时，应当及时为被追诉人提供法律帮助或提出异议，或拒绝在认罪认罚具结书上签字。

二、值班律师的权力支持

权力是权利的支持和保障。值班律师的权力支持机制是其实质有效参与的必要条件。从值班律师参与诉讼的过程来看，值班律师的权力支持机制可分为司法行政机关的权力支持、公安机关的权力支持、检察机关的权力支持和人民法院

---

① ［美］JohnH. Blume，RebeccaK. Helm：《"认假罪"：那些事实无罪的有罪答辩人》，郭烁、刘欢译，载《中国刑事法杂志》2017 年第 5 期，第 129 页。

的权力支持。

值班律师在工作经费、部门协作等方面一直存在问题，在《法律援助值班律师工作办法》第四章"值班律师工作保障"中规定了法律援助工作站的设置、值班律师工作管辖、法律帮助补贴标准，明确建立值班律师各项工作制度，健全人民法院、人民检察院、公安机关、司法行政机关会商通报机制，以及司法行政机关、法律援助机构、律师协会对值班律师履行相应的监管和指导职责。2022年《关于进一步深化刑事案件律师辩护全覆盖试点工作意见》强调司法机关要切实保障值班律师权利，实质发挥值班律师法律帮助作用。这就明确了值班律师在工作中获得了有权机关的权力支持。

与值班律师工作最为密切相关的是刑事诉讼程序侦查阶段的公安机关。在《法律援助值班律师工作办法》出台后，进一步规范了法律援助值班律师的权力支持，全国公安监管部门主要从三个方面保障犯罪嫌疑人、被告人依法获得值班律师法律帮助和保障值班律师顺利开展工作：

一是加强法律援助中心驻看守所工作站建设保障。看守所为法律援助工作站建设提供必要的办公场所和设施，为值班律师开展工作提供办公条件。有条件的看守所可以为值班律师提供工作餐。截至2020年6月底，全国97.7%的在用看守所已经建成法律援助中心驻看守所工作站①。

二是强化值班律师法律帮助制度告知宣传。看守所将值班律师制度相关内容纳入在押人员权利义务告知书，犯罪嫌疑人、被告人入所时在告知书上签字确认。看守所通过电教系统宣讲、民警谈话教育等方式告知犯罪嫌疑人、被告人值班律师工作职责，以及如何申请法律帮助。看守所通过电子屏、警务公开栏、宣传册等，向在押人员家属宣传值班律师工作制度。

三是规范看守所值班律师法律帮助工作运行机制。首先，明确了值班律师法律帮助启动程序。值班律师法律帮助可以依据犯罪嫌疑人、被告人申请启动，也可以依据办案单位通知启动。《法律援助值班律师工作办法》分别设置了法律帮助申请表、法律帮助通知书，其中载明法律帮助对象个人信息，看守所据此安排相应的犯罪嫌疑人、被告人会见值班律师。其次，明确了犯罪嫌疑人、被告人向看守所提出约见值班律师的渠道方式，既可以自己填写法律帮助申请表，也可以口头申请，由看守所代为填写，再由看守所及时转交值班律师。再次，明确了值班律师身份核验要求。法律援助机构向看守所提供并及时更新驻看守所值班律师库或者名册信息、值班律师排班表、值班方式和联系方式等。值班律师携带律师执

---

① 中国政府法制信息网：《五部门有关负责人就〈法律援助值班律师工作办法〉答记者问》．http：//www．mo ［J］．gov．cn/news/content/2020－09/07/zc ［J］［D］＿3255529．html。

业证或者律师工作证办理会见，看守所依据值班律师名册、值班律师排班表，核实值班律师身份。最后，明确了值班律师会见保障和监督。看守所应当及时安排值班律师会见，值班律师会见不被监听。看守所工作人员见证并签字确认值班律师提供法律帮助情况，对值班律师违反职业道德、执业纪律线索及时转法律援助机构处理。

在认罪认罚案件中，值班律师发挥着重要作用，是重要的参与者、推动者和见证者，对于犯罪嫌疑人、被告人及时了解认罪认罚的法律后果，引导其认罪认罚，保障其认罪认罚的自愿性、真实性、合法性，发挥着不可或缺的作用。认罪认罚从宽制度实施以来，检察机关严格落实法律规定，努力为值班律师履职提供良好的条件和环境。截至 2020 年 9 月，全国法律援助机构在检察机关设置法律援助工作站 1760 个，天津、重庆、云南等地检察机关实现了法律援助工作站全覆盖①。一是依法保障值班律师的会见权。检察机关在审查起诉阶段应当告知没有辩护人的犯罪嫌疑人、被告人有权约见值班律师获得法律帮助，并为其约见值班律师提供便利。犯罪嫌疑人、被告人没有委托辩护人并且不符合通知辩护条件，要求约见值班律师的，检察机关应当及时通知法律援助机构安排值班律师为其提供法律帮助。二是赋予值班律师阅卷权。

---

① 中国政府法制信息网：《五部门有关负责人就〈法律援助值班律师工作办法〉答记者问》．http：//www.mo［J］．gov.cn/news/content/2020 - 09/07/zc［J］［D］_3255529.html。

即自案件移送审查起诉之日起，值班律师可以查阅案卷材料、了解案情。人民检察院应当及时安排，为值班律师查阅案卷材料提供便利。已经实现卷宗电子化的地方，可以安排在线阅卷。三是为派驻值班律师提供办公便利。对法律援助机构在检察机关设立法律援助工作站派驻值班律师的，检察机关均给予提供专门场所和设施。有条件的检察院还可设置认罪认罚案件办理专门办公区域，为值班律师设立会见室，给值班律师依法履职提供保障。四是依法听取值班律师意见。审查起诉过程中，在告知权利基础上，检察机关还会就相关事项听取犯罪嫌疑人、被告人及值班律师的意见，主要包括：一是涉嫌的犯罪事实、罪名及适用的法律规定；二是从轻、减轻或者免除处罚等从宽处罚的建议；三是认罪认罚后案件审理适用的程序；四是其他需要听取意见的情形。听取意见的过程实际上就是控辩双方就认罪认罚情况以及处罚建议进行平等沟通协商的过程。检察机关会在与犯罪嫌疑人、被告人及值班律师就上述事项充分沟通的基础上，提出量刑建议。未采纳值班律师所提意见的，检察机关应当说明理由。

浙江省杭州市西湖区法律援助中心对毕某涉嫌盗窃罪提供法律援助案中，[①] 犯罪嫌疑人毕某将网约车司机赵某的手机窃走，被警方抓获后，自愿认罪认罚，西湖区人民检察院拟

---

① 中国政府法制信息网：《法律援助值班律师典型案例——案例五——浙江省杭州市西湖区法律援助中心对毕某涉嫌盗窃罪提供法律援助案》. http://www.mo [J]. gov. cn/［D］epartment/content/2020-09/07/612_3255532.html。

适用认罪认罚程序，西湖区法律援助中心指派浙江国圣律师事务所律师卜亚夫作为值班律师为其提供法律帮助。受新冠疫情影响，毕某身在户籍地北方某省，往返杭州路程远，承办检察官建议通过"浙江检察"手机APP远程视频进行认罪认罚法律帮助。6月2日，值班律师来到西湖区人民检察院远程会见室，与承办检察官同时登录"浙江检察"，取保在家的毕某登录"浙江检察"视频会见室。视频会见期间，毕某称对犯罪事实没有异议，自愿认罪认罚。承办检察官告知认罪认罚制度和拟适用的相对不起诉意见，值班律师释明认罪认罚的法律后果后，毕某同意签署具结书。值班律师和犯罪嫌疑人各自在手机上电子签名具结书电子版，生成书面稿后由承办检察官附卷，由西湖区人民检察院检委会讨论决定后书面送达不起诉决定。该案是采用"浙江检察"APP远程无接触办理的认罪认罚法律帮助案件，值班律师通过远程视频会见系统为当事人提供法律帮助，通过视频见证认罪认罚的真实性、自愿性，在符合电子签名法规定情况下，用电子签名来保证程序的合法性、有效性。在该案中，西湖区人民检察院为值班律师行使在场权提供了充分有效的保障，保障认罪认罚案件的真实性和自愿性，也保障了值班律师充分行权。

安徽省固镇县法律援助中心对梁某某涉嫌妨害公务罪提

供法律援助案中，① 犯罪嫌疑人梁某某在经过防疫检查卡口时，对防疫工作人员辱骂殴打，被警方抓捕后自愿认罪认罚。固镇县人民检察院主动通知法律援助中心，为犯罪嫌疑人安排值班律师见证其签署认罪认罚具结书，法律援助工作站值班律师为犯罪嫌疑人梁某某提供法律帮助，值班律师向犯罪嫌疑人梁某某释明了认罪认罚从宽制度的法律法规及相关规定，分析了选择认罪认罚从宽可能发生的法律后果。办案检察官充分听取了值班律师意见，根据犯罪嫌疑人梁某某无犯罪前科劣迹、主动投案自首、取得梁某亮谅解等量刑情节，提出判处其有期徒刑六个月的量刑建议。值班律师根据相关法律规定，向梁某某分析该量刑建议的合理性，由其自愿选择是否适用。最后，梁某某选择适用认罪认罚从宽程序，同意本案适用速裁程序审理。办案检察官当场出具认罪认罚具结书并由梁某某自愿签名，值班律师在场见证了具结书的签署。该案中，固镇县人民检察院充分支持和保障值班律师为犯罪嫌疑人提供法律帮助、提出意见的权利，严格依照法律规定维护值班律师和犯罪嫌疑人的权利，进一步提升了司法公信力和群众满意度。

---

① 中国政府法制信息网：《法律援助值班律师典型案例——案例四——安徽省固镇县法律援助中心对梁某某涉嫌妨害公务罪提供法律援助案》．http：//www. mo [J]．gov. cn/ [D] epartment/content/2020-09/07/612_3255533. html。

三、值班律师的管理机制

管理是重要的组织活动原则和方式，值班律师的管理机制则是管理者通过对值班律师的活动进行指引、规划、协调、领导等，从而实现既定目标的过程。从管理的方式上可分为组织机制、激励机制和约束机制。组织机制是从管理组织的机构角度对值班律师的管理机制进行的探讨，主要包括司法行政管理、法律援助机构管理和司法机关管理三个方面。激励机制主要是从组织动力的角度对值班律师管理的促进，包括物质激励和精神激励两个方面。约束机制主要是从组织行为限制的角度划定了值班律师管理的边界，主要包括规范权力运行和行权的考核评估。

(一) 值班律师管理的组织机制

一是司法行政管理方面。司法行政管理方面主要是指司法行政机关负责构建司法机关与值班律师的工作会商机制，协调法律援助机构的值班律师与司法机关沟通事宜。对于值班律师资源地域分配不均的情况，可以在省、市范围内跨区域调配值班律师资源，以保证被追诉人得到充分的法律帮助。

二是法律援助机构管理方面。法律援助机构负责值班律师的人才选拔，综合律师的政治素质、业务能力建立值班律师库，构建值班律师准入准出机制，由公安机关、检察机关和法院协助对值班律师进行岗前培训。律师协会也应当支持和指导律师、律师事务所参与法律援助工作。还要在看守所、检察机关、法院设置法律援助工作站并派驻值班律师，由公、检、法为值班律师提供必要的办公场所和设施，对于认罪认罚案件可以设立专门的办公室，也可以采取电话、网络等多种方式提供法律咨询。法律援助机构根据需求安排值班律师工作方式、工作频次，公示值班律师的相关信息并对接司法机关。

三是司法机关管理方面。具体包括：首先，看守所对值班律师的管理。看守所主要负责为在押犯罪嫌疑人通知值班律师、代在押犯罪嫌疑人向值班律师转递材料和安排看守所值班律师的值班方式、值班频次。其次，检察机关对值班律师的管理。检察机关对值班律师的管理主要在审查起诉阶段，值班律师在行使阅卷权和会见权时应服从检察机关管理。最后，法院对值班律师的管理。主要在审判阶段，人民法院为没有辩护人的被告人通知值班律师，提供法律帮助。看守所、检察机关、法院应当及时告知被追诉人有权约见值班律师，及时通知法律援助机构为被追诉人提供法律帮助，尊重值班律师的权利，在认罪认罚案件中与值班律师及时沟通，就量刑建议进行认真协商，及时安排值班律师阅卷和会见并提供便利。

（二）值班律师的激励机制

值班律师的激励机制，是指通过特定的方法，激励值班律师工作，提高值班律师工作积极性，目前包括物质激励和精神激励。物质激励是指根据值班律师的工作时间或者工作量提供金钱补偿；精神激励是指以授予名誉的方式对工作表现良好的值班律师表示肯定和赞扬。

1. 物质激励

司法行政机关可以会同财政部门制定法律帮助的补贴标准，补贴标准根据当地经济发展水平、服务类型、承办成本、基本劳务费用等确定，可以按件或按日计算费用，纳入财政预算，由法律援助机构按照规定支付给值班律师。对于值班律师资源短缺的地区建立政府购买值班律师服务机制，解决值班律师不足的问题。物质激励使值班律师在提供法律帮助的同时增加收入，可以提高值班律师工作的积极性。

2. 精神激励

司法行政机关根据值班律师考核情况对表现突出的值班律师进行表彰。律师协会负责将值班律师的履职情况和获得表彰的情况纳入律师年度考核及律师诚信服务记录中，作为对值班律师工作的肯定。这一方式有利于值班律师打造良好的业内口碑、打造个人品牌，使其在从事个人业务时具有一定的优势。

(三) 值班律师的约束管理机制

首先，值班律师要记录自己的服务情况，并随案移送，司法机关与法律援助机构确定工作台账格式，记录值班律师的工作情况，定期移送法律援助机构。其次，由法律援助机构建立值班律师服务质量考核评估制度，对值班律师工作情况进行考核，由司法行政机关对表现突出的值班律师给予表彰，对违法违纪的值班律师依职权处理或移送有权机关处理。最后，法律援助机构记录值班律师的工作情况并通报律师协会，律师协会负责将值班律师的工作表现纳入律师年度考核及律师诚信服务记录，对于违反职业道德和违纪的律师依规处理。

《法律援助值班律师工作办法》在第三章"法律帮助工作程序"中对值班律师的管理工作作了明确的规定，这意味着，不仅要对值班律师的职责权利予以明确并且提高保障，更要将值班律师纳入有效的管理机制中，发挥其在刑事诉讼中的重要作用。

《法律援助值班律师工作办法》第 26 条第 1 款规定："在看守所、人民检察院、人民法院设立的法律援助工作站，由同级司法行政机关所属的法律援助机构负责派驻并管理。"值班律师制度属于法律援助的一部分，值班律师的管理主体是法律援助机构。作为值班律师的管理主体，法律援助机构更应充分、准确地理解刑事诉讼理念，树立值班律师作为刑事诉讼参与者的主体意识，强化保障犯罪嫌疑人、被告人获得有效法律帮助的职责意识，把值班律师法律帮助工作与优化司法资源配置、提高刑事诉讼效率和促进社会和谐稳定等重要意义直接联系起来，为有针对性地开展管理提供指导。

云南省依托云南省智慧法援平台的系统框架和数据底层架构，搭建值班律师管理系统，充分发挥"互联网+政务"优势，实现值班律师管理工作的信息化、高效化、一体化①。"云南智慧法援平台值班律师管理系统"由电脑版和手机端两部分组成，共同配合完成排班—调班—签到—归档—反馈—补贴发放整个流程。2019年9月20日，"云南智慧法援平台值班律师管理系统"开发完成并率先在昆明市盘龙区开展试点工作。至9月底，盘龙区人民法院、人民检察院值班律师工作信息已全部迁移到该系统，律师通过手机端报名签到、记录工作小结。从目前该系统运行情况来看，接受度良好，转移顺畅。法律援助中心通过电脑版可以及时了解律师到岗、开展工作情况，并能打印工作报表。经过一个月的试运行，该系统有效减少了管理工作量，简化了工作流程，提高了工作效率，增加了法律援助中心、律师、接受值班律师服务的司法机关之间的交互性，使值班律师制度推行得更简便、更智能。

法律援助机构抓好建站建队工作。法律援助机构在公、检、法机关建立工作站是值班律师开展工作的基础。建站工作看似简单，形式上只是配置家具和办公设备，制度上墙公示，实质上却要首先做好选址和建站模式的选择。以公安看

---

① 云南省司法厅公共法律服务管理处：《云南省值班律师管理系统在昆明试运行》．http：//www.mo［J］.gov.cn/pub/sfbgw/［J］gsz/［J］gszzs［D］w/zs［D］wflyzzx/flyzzxgz［D］t/202102/t20210225_189797.html。

守所工作站为例，公安部办公厅、司法部办公厅《关于进一步加强和规范看守所法律援助值班律师工作的通知》中提出，值班律师工作站应当设置在看守所监区外的办公区，但办公区在什么位置没有具体的规定。有些地方将工作站设置在律师接待区，每天面对的都是来看守所办理会见的执业律师，不但犯罪嫌疑人家属不知道，就连看守所的管教也不清楚值班律师的存在，值班律师作用无法发挥，积极性严重受损。看守所工作站应设置在比较醒目易于找到的地方，为了使其发挥作用，在看守所外公示栏、收押大厅、家属接待区等区域，还要通过电子屏、宣传手册等方式，向在押人员及其家属宣传值班律师工作制度。《法律援助值班律师工作办法》还专门提出了设置认罪认罚案件专门会见室的建议，这将对解决值班律师约见难问题起到积极的促进作用。值班律师的准入与退出机制也是法律援助机构夯实工作基础的关键。《法律援助值班律师工作办法》提出建立值班律师名册或值班律师库，同时对值班律师的选任提出了标准，将政治素质放在选任标准的首位。法律援助机构在选任值班律师时就要优先选择那些政治素质过硬，特别是能够体现新时代党员担当精神的律师，这与值班律师的工作性质也是非常契合的。值班律师在首次上岗前还应当参加岗前培训。很多律师提出，值班律师工作仅仅只是法律咨询和见证签字，其实这就是对认罪认罚制度和值班律师的职责没有理解透彻。培训除了学习执业技巧外，更重要的是要解决诉讼理念问题。法律援助机构要善于运用培训，使值班律师的思想同法律援助机构的工作部署相统一，并进一步增强值班律师的使命感和荣誉感。

江苏省铜山区法律援助中心实行专职律师值班"坐诊"制度，为来电来访群众提供法律咨询，助力依法维权。在12家律师事务所择优选取135名经验丰富的专职律师到区公共法律服务中心轮流值班"坐诊"，线上线下全方位解答群众法律难题。同时，制定律师值班表和值班制度，值班律师按照公共法律服务中心的相关规定和要求，为当事人提供法律咨询、来访接待等服务，并登记造册。

南京市江宁区司法局在江宁监狱设立法律援助工作站，该区法律援助中心与工作站负责人及值班律师之间建立工作微信群、QQ群，明确专门联络员，落实互动互访，加强工作联系。值班律师负责了解服刑人员法律诉求，对符合条件的服刑人员申请法律援助进行初审，办理法律援助申请手续，等等。还挑选出20位名优律师成立法援公益律师法律服务团，定期安排律师在工作站值班，为服刑人员提供法律咨询，开展法治宣传教育，解答法律咨询、代写法律文书，接受法律援助申请并进行初步审查，收集、分析和报送法律需求信息等工作。

河南省司法厅联合省高级人民法院、省人民检察院、省公安厅出台了《河南省法律援助值班律师办公室（工作站）工作规定》，明确规定人民法院、人民检察院、公安机关、司法行政机关将法律援助值班律师办公室（工作站）工作开展情况纳入责任目标考核体系，定期召开联席会议，加强沟通协作，分别指定联络员，推进日常工作实施。法院和看守所要为值班律师办公室（工作站）提供符合要求的办公场所，配备办公设备，为值班律师提供工作便利。

法律援助机构对值班律师工作进行综合评估。《法律援助值班律师工作办法》规定，值班律师应当将提供法律帮助的情况记入工作台账或者形成工作卷宗，按规定时限提交法律援助机构。这为法律援助机构全面掌握值班律师的工作情况提供了条件。法律援助机构定期开展综合评估，区分值班律师一般咨询和办理认罪认罚案件两种法律帮助形式，制定相应的考评标准。对于法律咨询事项，可以从值班律师介入的及时性、适用法律法规的准确性等方面进行考量。对于业务量大的工作站及时增派人力，业务量持续偏低的工作站要及时了解原因。对于值班律师办理认罪认罚案件形成的卷宗，要从是否完成了会见（咨询）、阅卷、具结书见证签字等规定动作，是否提出了有针对性的法律意见等方面全面考核法律帮助的有效性。在法律援助机构人力不足的情况下，考核评估工作可以引入第三方参与，特别是邀请学术界和实务界共同组成考评小组。法律援助机构还要善于运用考核评估结果开展管理。一方面，结合考评结果，制定差额化的补贴标准。对于被评定为优良的法律帮助，按法律援助律师办理相应程序案件给予补贴，对形式化的法律帮助则要减少补贴。另一方面，法律援助机构将值班律师的履职情况及时向司法行政机关和律师协会进行通报，对履职出色的律师在评优评先、推荐资格方面给予倾斜，对违反职业道德和执业纪律的律师依法依规处理，以激励和监督值班律师团队正确履职。

严格值班律师的进出机制是确保值班律师提供专业化法律帮助服务的关键条件。以上海市浦东新区为例，2011 年，浦东新区法律援助值班律师工作试点时，值班律师选任条件是政治思想素质高、业务精通、责任心强、具备一年以上刑事办案经验。《浦东新区刑事法律援助全覆盖实施办法（试行）》第 21 条规定："区法律援助中心应当挑选政治思想素质高、业务精通、责任心强、具有一年以上执业经历的律师作为值班律师人选，建立法律援助值班律师名单，定期将值班律师名单提供给区法院、区检察院、区看守所。各法律援助工作站的值班律师应当从名单中选派。"实践中，就执业经历而言，成为浦东新区值班律师的要求要高于上述标准。2016 年，浦东新区分两批招募的 65 名值班律师中，第一批 30 人，要求执业 10 年以上、从事法律援助工作 5 年以上；第二批 35 人，要求执业 5 年以上、从事法律援助工作 3 年以上。浦东新区法律援助中心还邀请检察院及法律援助业务负责人进行授课，强化培训并严明纪律，发现一次违规，立即取消值班律师资格[①]。

公、检、法、司协作机制。各机关之间加强协作能够及

---

① 参见《浦东新区刑事法律援助全覆盖实施办法（试行）》第 5 条第 4 款。

时有效地解决值班律师工作程序中的重大问题，开辟值班律师管理工作的新路径。以上海市浦东新区为例，在法律援助值班律师工作试点期间，浦东新区司法局、浦东新区人民法院、浦东新区人民检察院和上海市公安局浦东分局建立了刑事法律援助联席会议制度，定期召开会议，通报值班律师试点工作和刑事法律援助工作开展情况，共同协商和解决工作中遇到的问题，探讨刑事法律援助工作的新领域和新途径。同时，考虑到当时对法律援助值班律师的社会认知度较低，因此，积极建立健全公、检、法的告知义务制度，从而切实推进值班律师工作的开展。公、检、法、司联席会议制度成为值班律师工作顺利运行的重要保障。

四、值班律师的监督机制

值班律师的监督机制是监督值班律师行权，帮助值班律师能够正确有效维护被追诉人的诉讼权利，助力值班律师高效利用司法资源，提升值班律师的信赖程度。我国值班律师的监督机制主要包括日常工作尽职监督和职业道德监督。日常工作尽职监督主要监督值班律师是否尽职尽责，是否严格按照相关规定、程序为被追诉人提供法律帮助。职业道德监督主要是监督值班律师是否违背执业纪律、职业道德，利用值班律师身份招揽案源、收受财物等行为。

值班律师是特殊的法律援助帮助者，为刑事案件犯罪嫌疑人、被告人提供免费便捷的法律服务属于政府责任的范畴，因此值班律师的监管责任由各级法律援助机构承担是应然之事。实践中，对于值班律师的监督主要体现在值班律师是否尽职尽责，是否存在违反法律、违反执业纪律、违背职业道德或者误导当事人的情形，以及是否在值班过程中代班旷班、收受财物、利用值班便利招揽案源、介绍律师有偿服务及其他违反值班律师工作纪律的行为。

对值班律师监督机制的考量应回到值班律师制度的设立目的上来，值班律师制度设立的目的就是保障犯罪嫌疑人、被告人的合法权益，因此，值班律师监督机制的目的在于监督值班律师为犯罪嫌疑人、被告人提供有效的法律帮助，保障犯罪嫌疑人、被告人的合法权益不受侵害。实践中，值班律师的监督内容也是从这一目的出发，规范值班律师的行为，杜绝值班律师违法违纪违背职业道德的行为。

司法部法律援助司司长在法律援助值班律师制度新闻发布会上表示，司法行政机关要加强日常监管管理，对律师在值班律师工作中的违纪行为依法依规处理，促进提高值班律师服务质量。法律援助机构要及时统计汇总犯罪嫌疑人、被告人涉嫌罪名、简要案情、咨询意见等信息，定期征询驻所单位意见，回访当事人，了解值班律师的履责情况，对值班律师实行动态化管理，并且向律师协会通报法律援助值班律师履职情况。律师协会有责任将值班律师的履职情况纳入律师年度考核及律师诚信服务记录①。为规范值班律师的行为，湖北省出台《关于开展法律援助值班律师工作的实施意见》，在意见中明确规定，律师参与值班视为履行法律援助义务，法律援助机构应向律师协会通报法律援助值班律师履职情况，律师协会要将法律援助值班律师履职情况纳入律师年度考核及律师诚信服务记录。值班律师原则上不得在值班日请假，确因特殊原因不能按时值班，须提前 3 日告知派驻司法行政机关法律援助机构。每年请假超过 6 次或累计迟到 3 次或旷班 1 次，取消值班律师资格，并按规定通报律师协会，3 年内不得再次入选值班律师。湖北省还相应建立了协调领导机制，人民法院、人民检察院、公安机关、国家安全机关、司法行政机关成立由立案庭庭长（诉讼服务中心负责人）、看守所所长、法律援助机构负责人组成的值班律师工作协调领导小组，将值班律师工作纳入机关目标责任制考核内容，每年定期开展值班律师工作联合执法检查，召开值班律师工作会议，通报工作开展情况。北京市司法局为保证值班律师工作质量，积极研究差异化的法律援助值班律师管理模式，运用法律援助值班律师准入退出机制，制定值班律师服务标准和行为规范，优化工作流程。市司法局在要求全市各法律援助中心不断提高值班律师队伍质量的基础上，形成了值班律师选任

---

① 司法部官网：《如何确保值班律师提供法律帮助的质量》，http：//www. mo [J]. gov. cn/pub/sfbgw/zwgkztzl/0928zb/928zb [J] sxw/202103/t20210319 _ 211602. html。

"三查"制度，即报名条件初步审查、履职能力调查、执业和违纪情况核查，以确保值班律师整体工作质量[①]。江苏省徐州市铜山区将律师值班纳入律所律师考核体系，根据考核细则，由群众对律师服务进行"量化"打分，该结果与年终评先选优直接挂钩，对做出突出贡献的值班律师，定期予以褒奖。江苏省如皋市法律援助中心强化办案监管，要求值班律师对于参与的认罪认罚案件实行案件化办理，结案材料包括《提供法律帮助建议函》或《值班律师到场通知书》、会见笔录、《刑事案件听取值班律师意见表》、具结书等文书。日常监管由法律援助机构和律师协会对值班律师所办案件从程序监管、办案机关意见征询、受援人满意度调查、同行评估四个方面进行评价。

总之，我国近年来值班律师监督机制不断丰富，各地依托法律法规，构建在自己领域内行之有效的值班律师监督机制。随着《法律援助值班律师工作办法》的出台，值班律师监督机制也在不断完善，为值班律师履行职责，为保障犯罪嫌疑人、被告人合法权益提供了坚实的依靠。

五、值班律师的保障机制

值班律师的保障机制是为值班律师有效行权提供保障，值班律师只有行权有保障才能实质有效参与到刑事诉讼中。

---

① 北京市司法局官网：《打造法律援助值班律师制度"北京模式"》，http：//sf［J］．bei［J］ing.gov.cn/sf［J］/sf［D］t/sfxzyw59/464810/in［D］ex.html。

所以说，值班律师的保障机制是值班律师实质有效参与的基础和依靠。值班律师的保障机制主要包括权利的保障和经费待遇的保障。

《法律援助值班律师工作办法》第四章"值班律师工作保障"规定了法律援助工作站的设置、值班律师工作管辖、法律帮助补贴标准，明确建立值班律师各项工作制度，健全人民法院、人民检察院、公安机关、司法行政机关会商通报机制，以及司法行政机关、法律援助机构、律师协会对值班律师履行相应的监管和指导职责。

第一，法律援助工作站的设置。《刑事诉讼法》第36条规定派驻值班律师时，仅以列举的方式规定"法律援助机构可以在人民法院、看守所等场所派驻值班律师"，没有写明在检察机关是否可以派驻。基于认罪认罚从宽制度适用的最主要阶段是审查起诉阶段，且目前轻罪案件犯罪嫌疑人非羁押的比例较高，人数众多，对值班律师提供法律帮助的需求非常大，从制度设计的本意和有利于犯罪嫌疑人权利保障的角度出发，在检察机关派驻值班律师非常必要，且符合立法精神，法条规定的"等"应作"等外"解释。据此，最高人民法院、最高人民检察院、公安部、国家安全部、司法部制定的《关于适用认罪认罚从宽制度的指导意见》规定，法律援助机构可以在法院、检察机关、看守所派驻值班律师。《法律援助值班律师工作办法》第26条第1款在此基础上进一步作出规定，在看守所、人民检察院、人民法院设立的法律援助工作站，由同级司法行政机关所属的法律援助机构负责派驻并管理。为更好利用值班律师资源，第2款规定，看守所、人民检察院、人民法院等机关办公地点临近的，法律援助机构可以设立联合法律援助工作站派驻值班律师。第3款对保障法律援助工作站办公条件作出规定。

第二，法律援助工作站运行要求。《法律援助值班律师工作办法》第27条对法律援助工作站运行要求作出规定，即法律援助工作站应当公示法律援助条件及申请程序、值班律师工作职责、当日值班律师基本信息等，放置法律援助格式文书及宣传资料。

第三，法律帮助工作台账。值班律师提供法律帮助情况应当留痕，这既是对值班律师提供服务质量的监督，也有助于促使其提供更为有效的法律帮助。《关于适用认罪认罚从宽制度的指导意见》规定，值班律师提供法律咨询、查阅案卷材料、会见犯罪嫌疑人或者被告人、提出书面意见等法律帮助活动的相关情况应当记录在案，并随案移送。《法律援助值班律师工作办法》第28条对此作出进一步规定。该条共分三款，第1款重申了《关于适用认罪认罚从宽制度的指导意见》的规定。第2款则要求值班律师将提供法律帮助的情况记入工作台账或者形成工作卷宗，按照规定时限移交法律援助机构。第3款对统一工作台账格式提出要求。

第四，纪律要求。《法律援助值班律师工作办法》第29条对值班律师提供法律帮助的纪律要求作出规定。根据该条，值班律师提供法律帮助时，应当遵守相关法律法规、执业纪律和职业道德，依法保守国家秘密、商业秘密和个人隐私，不得向他人泄露工作中掌握的案件情况，不得向受援人收取财物或者谋取不正当利益。

第五，值班律师费用保障。解决好经费问题是值班律师制度可持续发展的重要保障。《法律援助值班律师工作办法》第30条对值班律师经费保障问题作出规定。该条共分三款，第1款规定司法行政机关应当会同财政部门，根据直接费用、基本劳务费等因素合理制定值班律师法律帮助补贴标准，并纳入预算予以保障。第2款规定补贴标准的具体计算方式，包括按工作日计算和按件计算两种。第3款规定法律援助机构应当根据值班律师履行工作职责情况，按照规定支付值班律师法律帮助补贴。

第六，考核评估和培训。建立科学的考核评估机制，是保障值班律师服务质量的重要手段。值班律师应当符合一定条件，进入值班律师名册或值班律师库的人员并非一成不变，应当定期进行考核，考核不过关或者不符合条件的，应当退出。《法律援助值班律师工作办法》第31条对此作出规定。

第七，值班律师的统筹管理。《法律援助值班律师工作办法》明确规定应强化对值班律师的统筹管理。一是加强监督和指导。根据《法律援助值班律师工作办法》第32条的规定，司法行政机关和法律援助机构应当加强本行政区域值班律师工作的监督和指导。对律师资源短缺的地区，可采取在省、市范围内统筹调配律师资源，建立政府购买值班律师服务机制等方式，保障值班律师工作有序开展。二是建立会商机制。《法律援助值班律师工作办法》第33条规定，司法行政机关会同公安机关、人民检察院、人民法院建立值班律师工作会商机制，明确专门联系人，及时沟通情况，协调解决相关问题。值班律师工作实践中存在的诸如资源短缺、经费不足、定位不明、帮助不到位等问题，需要公检法司几家共同去推动解决，为此，公、检、法、司应当根据《法律援助值班律师工作办法》的要求，完善值班律师工作会商机制，定期召开联席会议，相互通报情况，研究解决突出问题。三是加强监督管理。根据《法律援助值班律师工作办法》的规定，对值班律师有考核评估，有纪律要求，相应地，对表现好的和表现不好的应当给予不同评价。《法律援助值班律师工作办法》第34条即对值班律师的监督管理作出规定。

推动刑事辩护全覆盖，不仅要提高刑事诉讼中的辩护率，解决辩护律师数量不够的问题，更重要的是要解决律师辩护质量不高的问题。也就是要从多方面调动律师参与刑事辩护的积极性，保障他们确实在刑事辩护中发挥积极作用。

从我国值班律师的发展轨迹来看，通过完善值班律师的定位和职责，可以实现辩护律师全覆盖的"量"的需要。以浙江省为例，2005年，杭州市余杭区看守所设立浙江省首个法律援助工作站，派驻律师值班。经过近二十年发展，看守所法律援助工作站已从覆盖杭州走向浙江省全覆盖，除了机构人员变化，还有职能的重大转变。在《关于进一步深化刑事案件律师辩护全覆盖试点工作的意见》出台前，浙江已在看守所、检察院、法院设立 271 个法律援助工作站，其中，设立看守所法律援助工作站 89 个，设立法院法律援助工作站 103 个，设立检察院法律援助工作站 79 个。值班律师提供法律帮助近 7 万人次。

从经费投入来看，我国法律援助的投入虽然近年来一直在增长，但总体投入还是较少的，而且在短时间内大幅度提高的可能性较低。在这种情况下，通过值班律师来加大刑事诉讼中的律师参与是比较可行的。据统计，2018 年，我国法律援助经费支出总额为 236694.47 万元，同比增长 13.85%。在经费支出构成中，人员经费、基本公用经费和业务经费分别为 81822.22 万元、15143.4 万元和 131631.63 万元，在经费支出总额中所占比例分别为 34.57%、6.40% 和 55.61%，比2017 年分别增长 16.23%、16.41% 和 12.59%[①]。虽然值班律师也需要增加经费投入，但总体来说还是投入较小而受益较大的一种法律援助方式。

从值班律师发挥的作用来看，虽然我国的值班律师制度还不完善，但有律师的参与，对于弥补犯罪嫌疑人、被告人活动范围的局限和专业能力上的缺陷还是能够发挥积极的作用。犯罪嫌疑人被拘留后到被批捕前的这一段时间，是维护

---

① 李雪莲等：《法律援助经费保障制度研究报告》，载《中国司法》2020 年第10 期，第 89-95 页。

犯罪嫌疑人权利，争取撤销案件、不起诉的关键时间，所以有"37天黄金救援期"之说。值班律师解决的是刑事辩护的"最初一公里"，却又是非常重要的"一公里"。实践中，在公安机关立案后到侦查终结前，撤销案件的比例非常高，某些基层公安机关甚至达到20%左右，因此在审查起诉之前律师确实可以有所作为。在认罪认罚的试点中，认罪认罚案件不起诉处理的占9.1%，免予刑事处罚的占1.3%，判处缓刑的占36.6%，判处管制、单处附加刑的占2.1%；全国检察机关提出确定刑量刑建议占比33.5%，量刑建议法院采纳率达81.6%；非羁押和非监禁刑的比例明显提高。可以说，在认罪认罚案件中值班律师还是大有可为的。

当然，这里的"量"绝不是说有值班律师就是实现了刑事辩护全覆盖，从完善值班律师制度来看，首先，职能定位亟须明确。根据相关试点文件，值班律师和辩护律师在刑事诉讼中是两种不同的身份，承担不同职责，值班律师提供的是初期的、即时的、高效的法律帮助而非辩护。如上所述，值班律师的定位亟须完善，应作为辩护律师并享有辩护人所应当享有的基本权利。其次，补贴标准亟待提高。虽然值班律师是广义的法律援助，但毕竟属于新生事物，在没有明确细化标准的情况下，地方协调财政预算时会比较困难。从实践来看，补贴标准相比法律援助律师仍然较低，而过低的待遇显然无法吸引更多的律师参与。再次，工作衔接亟须理顺。由于值班律师一般是轮流值班或者临时召唤，对于认罪认罚的某一犯罪嫌疑人而言，值班律师并不具有一对一的确定性。值班律师不能全程连贯提供法律服务，一定程度上会影响到服务质量并会增加一些重复的工作。

如果辩护律师的相关权利没有真正得到保障，全覆盖就很容易沦为一种形式。从理论上来看，"律师享有与其当事人相同的（免责）特权，可自由而不受约束地陈述每个事实，合法地根据有助于实现这一目标的法律原则与实践来使用每个论点与评论，宣称和捍卫当事人的权益并保护当事人的自由与生命，应该小心翼翼地警惕着任何限制此类特权的企图"①。

辩护律师权利保障的重点主要包括以下方面：首先是知情权。公安司法机关应将与诉讼有关的信息及时告知辩护律师，可以通过信息化途径及时将相关信息公开。当前各地司法信息化正如火如荼地展开，正是很好的时机。实践调研发现，法律援助类案件尤其是值班律师类案件中，存在一些公安司法机关有意无意地忽略告知权利的情况，使得相关律师在不知情的情况下很难提供有效的法律服务。其次是会见权。如在日本，会见权"是在押犯罪嫌疑人为了能够获得辩护人的援助而在刑事程序法上享有的最重要的基本权利，同时从辩护人的角度看，会见权也是犯罪嫌疑人最重要的固有权利之一"，这种权利"来源于宪法的保障"。最后是阅卷权。律

---

① 易延友、马勒：《律师庭外辩护言论的自由与边界》，载《苏州大学学报（法学版）》2021年第2期，第22页。

师阅卷权对于辩护是至关重要的，法律援助律师及值班律师的阅卷权都应当得到保障。

另外，公安司法机关应当尊重律师的辩护意见，受到尊重也是律师的权利。在刑事辩护全覆盖背景下，公安司法机关应当充分听取并重视律师的辩护意见，对于律师依法提出的辩护意见未予采纳的，应当作出有针对性的分析，说明不予采纳的理由。在与律师的访谈中，不少律师指出，在认罪认罚案件中，与检察官沟通协商会存在一些困难。实践中主要表现为两种情况：一种是律师想找检察官，但检察官因时间紧张，仅接受电话沟通；另一种是私人关系很好，采用私下沟通。实际上，这两种沟通方式都不合适，最合适的应该是律师到司法机关通过一种公开的方式进行互动。律师和检察官、法官的沟通与互动很重要，检察官、法官充分听取律师的辩护意见也是公正司法的基本要求。

六、值班律师的救济机制

犯罪嫌疑人需要通过辩护律师的法律帮助来权衡利弊，从而做出最有利于自己的选择。在侦查阶段适用认罪认罚从宽制度更加需要保障辩护律师的参与。基于控制犯罪和侦查秘密原则的要求，我国《刑事诉讼法》并未赋予辩护律师在侦查阶段阅卷及核实证据的权利，只有在案件审查起诉之日起才可以行使这两项权利。在认罪认罚案件中，犯罪嫌疑人不仅自愿供述并且还积极配合侦查取证，逃避侦查的可能性不高，证据灭失危险也相对较小，加之认罪认罚从宽制度本质上是国家对被追诉人的一种利益让步，所以，笔者认为，侦查阶段禁止辩护律师阅卷及核实证据的做法并不合理。由于侦查阶段辩护律师无法阅卷及核实证据，使得辩护律师无法有针对性地提出合理可靠的意见，导致辩护律师在认罪认罚案件中难以真正有效地发挥作用。

因此，明确赋予认罪认罚案件中辩护律师在侦查阶段阅卷和核实证据的权利是非常有必要的。一方面，应当明确规定侦查机关的程序告知义务。在认罪认罚案件的侦查阶段，侦查机关在犯罪嫌疑人自行委托或者通过申请法律援助指定的辩护律师确定之日，应当主动告知辩护律师在认罪认罚案件中有权查阅除涉及国家秘密、个人隐私等情形之外的案卷材料和核实相关证据。同时，告知方式可以考虑采取书面告知方式，以便于在产生争议时有可审查的依据。另一方面，当侦查机关阻碍辩护律师行使阅卷权和核实证据权时，辩护律师应当有相应的程序性救济途径。除此之外，还要赋予辩护律师阅卷与核实证据的申请权，对于辩护律师提出申请的，侦查机关应当同意，对于无法提供案卷及相关证据的应当说明理由。对于卷宗尚未制作完成等可期待补充完成的情形，应当确定具体的查阅、核实日期，最终确定的日期应当在案件移送审查起诉之前，且应当保障辩护律师阅卷、核实证据时间的充足性、合理性。

关于值班律师的会见权，律师认为自己的会见权利受到侵害的，可以向看守所及所属公安机关、司法行政机关、律师协会或者检察机关投诉，公安机关应当公开受理律师投诉的机构名称和具体联系人、联系方式等。司法行政机关和律师协会要协同相关部门依法整治看守所周边违法设点执业的律师事务所，严肃查处违规执业、以不正当手段争揽业务和扰乱正常会见秩序等行为。关于值班律师的阅卷权，保障辩护律师与值班律师的辩护职能实质化，确保律师有效地行使阅卷权和核实证据权。

实践中，值班律师面临调查取证困难、执业保障不足等问题，缺少协商的筹码。英美法系国家中，律师有独立完整的调查取证权，还有强制证人出庭制度和证据开示制度等弥补律师取证能力不足的缺陷；大陆法系国家纠问式诉讼中，辩护律师可以申请法官、检察官调查取证，同时证据保全制度和阅卷制度同样可以改善律师取证能力的不足。而纵观我国现行的《刑事诉讼法》，大部分律师权利条款没有规定救济措施，如律师的会见通信权、阅卷权、调查取证权等，这些法律条文只规定了权利的内涵，却缺少权利遭受侵害时的救济措施。其中比较重要的，如言论豁免权，即针对律师的伪证罪，如果通过一些诱导性的提问使得证人改变证言，则可能面临构成伪证罪的后果，且律师的调查取证权受到多方限制，要征得证人的同意，如果是控方的证人，还需要征得控方的同意。刑事辩护律师面对一系列困难的根本原因就在于其诉讼地位不高，基本权利得不到保障，权利的救济也没有实现的路径。

对此，司法机关应充分保障辩护律师在事实上能够充分完全行使知情权、会见权、阅卷权和调取、收集证据以及在庭审中的发问、质证、辩论、辩护等诉讼权利。这些诉讼权利在刑事诉讼法律中已有规定，但在司法实践中有部分仍然是可望而不可即的，这也是刑事案件错判误判的原因之一。曾经有这样的说法，"凡是错案都是因为没有听取辩护律师的意见"，这虽然比较绝对化，但也是有一定案例支撑的。另外，笔者建议，应适时修订《刑法》第 306 条的规定（即辩护人、诉讼代理人毁灭证据、伪造证据、妨害作证罪），该条规定约束了辩护律师收集证据的主观能动性，使刑事案件辩护的实际效果大打折扣。只有修订该条规定，才能使辩护律师收集证据权利在刑事诉讼程序中切实没有被追讼风险，有利于保障律师执业安全，确保律师顺利、正确履行辩护职责。此外，侦查机关在案件侦查终结前应当履行书面告知程序，司法实践中经常会出现案件程序中辩护律师跟丢的现象，检察机关在审查批准逮捕、审判机关在决定逮捕、最高人民法院在复核死刑案件时，都应当当面听取辩护律师意见，检察机关审查起诉，应当当面听取辩护律师意见，对不启动排除非法证据的，应当主动听取辩护律师意见，对辩护律师提出的每一点意见都应进行认真审查，并书面说明采纳与否的情况和理由。要尊重律师协会和律师事务所的主体地位，探索某些类型案件中赋予它们一定程序权利，以救济辩护律师个体力量的不足，提升辩护律师的对抗能力。

为加强律师执业权利保障，北京市司法局、北京市律师协会采取多项措施，依法保障辩护律师的知情权、申请权、申诉权，以及阅卷、会见、取证、质证、辩论等执业权利；健全律师执业权利快速处置机制，畅通律师维护执业权利救济渠道，律师执业环境进一步优化；协调取消北京市律师诉讼代理服务收费政府指导价，为符合条件的律师落户北京提供政策支持，引导律师积极开展业务，积极代理刑事案件；协调大幅提高刑事法律援助案件补贴，鼓励更多律师办理刑事法律援助业务；加强律师刑事业务培训，帮助更多律师提高代理刑事案件业务水平。

| 第四章 |

值班律师实质有效参与面临的困境

第一节　值班律师实质有效参与的现状

为全面了解值班律师实质有效参与的现状，本书通过问卷调查方式，以河北省邯郸市律师为样本，通过题目设计，了解律师的认识及实践情况。本次问卷共发放 380 份，设置了 40 个题目，主要包括被调查者基本情况（1-5 题），被调查者对值班制度的认识情况（6-10 题），被调查者权利保护情况（11-21 题），被调查者待遇保障情况（22-31 题），被调查者监督管理情况（32-40 题）。

1. **您的性别?**［**单选题**］

选项	小计	比例
男	260	68.42%
女	110	28.95%
未填写	10	2.63%

在本次调查中，共 380 人填写了该单选题，其中男性占 68.42%，女性占 28.95%，未填写性别信息的人数占 2.63%。

可以看出，男性参与该调查的人数较多。

2. 您的年龄？[单选题]

选项	小计	比例
25 岁及以下	20	5.26%
26-29 岁	90	23.68%
30-39 岁	100	26.32%
40-49 岁	90	23.68%
50 岁及以上	70	18.42%
未填写	10	2.63%

根据该题目，可以得出以下结论：

年龄分布：参与调查的人群中，30-39 岁的比例最高，占比为 26.32%. 其次是 26-29 岁、40-49 岁和 50 岁及以上的人群，占比分别为 23.68%、23.68% 和 18.42%。25 岁及以下的人群占比较低，只有 5.26%。有 10 人未填写年龄信息。

年龄段分布：根据年龄段划分，可以将参与调查的人群分为青年（25 岁及以下和 26-29 岁）和中年（30-39 岁和 40-49 岁）以及老年（50 岁及以上）三个年龄段。青年占比为 28.94%，中年占比为 49.00%，老年占比为 18.42%。

综上所述，参与调查的人群中，中年人群（30-39 岁和 40-49 岁）的比例最高，占比为 49.00%。青年人群（25 岁及以下和 26-29 岁）占比较低，只有 28.94%。老年人群（50 岁及以上）占比为 18.42%。

3. 您的学历？ [单选题]

选项	小计	比例
大学专科	30	7.89%
大学本科	240	63.16%
硕士研究生及以上	110	28.95%

根据该题目，可以得出以下结论：

样本中填写了学历信息的有效人次为 380 人。在人次中，大学本科学历占比最高，为 63.16%。其次是硕士研究生学历，占比为 28.95%。大学专科学历占比 7.89%。博士研究生学历没有出现在样本中。

综上所述，样本中的学历分布主要集中在大学本科和硕士研究生，而博士研究生学历还没有。

4. 您的执业年限？ [单选题]

选项	小计	比例
0-3 年	100	26.32%
3-6 年	80	21.05%
6-9 年	50	13.16%
10 年以上	140	36.84%
未填写	10	2.63%

数据显示，参与调查的人群中 36.84% 的人有 10 年以上的执业经验，26.32% 的人有 0-3 年的执业经验，21.05% 的人有 3-6 年的执业经验，13.16% 的人有 6-9 年的执业经验，

2.63%的人没有填写具体的执业年限。

5. **您是否当过值班律师？**［单选题］

选项	小计	比例
是	320	84.21%
否	50	13.16%
未填写	10	2.63%

本题共有380人次填写。84.21%的受访者表示曾经当过值班律师。13.16%的受访者表示没有当过值班律师。2.63%的受访者没有选择任何选项。从以上数据可以看出，大部分受访者当过值班律师，而少部分受访者未有过这样的经历。还有一小部分受访者没有选择任何选项，可能是出于不清楚或不适用的原因。

6. **您认为值班律师与辩护律师是否本质不同？**［单选题］

选项	小计	比例
本质不同	120	31.58%
本质相同	230	60.53%
其他	20	5.26%
未填写	10	2.63%

在本次调查中，60.53%的人认为值班律师与辩护律师本质相同，31.58%的人认为二者本质不同，5.26%的人选择了其他选项，而有10人没有选择任何选项。

7. 您担任值班律师的过程中接触的认罪认罚案件有多少？

[单选题]

选项	小计	比例
没有接触过	220	57.89%
较少	30	7.89%
一般	60	15.79%
较多	50	13.16%
很多	0	0
未填写	20	5.26%

根据该题目，我们可以得出以下结论：

没有接触过认罪认罚案件的律师占比最高，为 57.89%。这可能意味着这些律师在值班期间没有遇到认罪认罚案件，或者他们的工作职责不包括处理这类案件。

较少接触认罪认罚案件的律师占比为 7.89%。这表示这些律师在值班期间只接触到了少量的认罪认罚案件。

一般接触认罪认罚案件的律师占比为 15.79%。这意味着这些律师在值班期间接触到了一定数量的认罪认罚案件，但并不算太多。

较多接触认罪认罚案件的律师占比为 13.16%。这表明这些律师在值班期间接触到了相对较多的认罪认罚案件。

很多接触认罪认罚案件的律师占比为 0。这可能是因为这些案件在该地区相对较少，或者其他原因导致律师们很少接触到这类案件。

未填写选项的情况占比为 5.26%。这可能是因为这些人对于自己在值班期间接触到的认罪认罚案件数量没有一个明确的印象。

综上所述,在值班律师中,没有接触过认罪认罚案件的律师占比最高,而较多接触这类案件的律师占比较低。

8. 您作为值班律师,什么阶段介入刑事案件较多?[单选题]

选项	小计	比例
侦查	120	31.58%
审查起诉	130	34.21%
审判	60	15.79%
未填写	70	18.42%

根据该题目,作为值班律师,介入刑事案件较多的阶段是审查起诉阶段,占比为 34.21%。其次是侦查阶段,占比为 31.58%。审判阶段的案件较少,占比为 15.79%。还有一部分案件没有填写具体阶段,占比为 18.42%。

9. 您作为值班律师,介入案件的时间一般在?[单选题]

选项	小计	比例
被追诉人认罪认罚后介入	130	34.21%
被追诉人认罪认罚前介入	170	44.74%
未填写	80	21.05%

数据显示,被追诉人认罪认罚前介入的比例为 44.74%,被追诉人认罪认罚后介入的比例为 34.21%,而没有填写该项的比例为 21.05%。因此,值班律师一般在被追诉人认罪认罚

前介入案件的情况较为普遍。

10. 您作为值班律师，对认罪认罚案件的了解程度如何？[单选题]

选项	小计	比例
详细了解	70	18.42%
一般了解	200	52.63%
了解较少	40	10.53%
未填写	70	18.42%

根据该题目，对于认罪认罚案件的了解程度，选项分布如下：

详细了解：有 70 人选择，占比 18.42%；一般了解：有 200 人选择，占比 52.63%；较少了解：有 40 人选择，占比 10.53%；未填写：有 70 人选择，占比 18.42%。

11. 您所在地区关于值班律师权利的规定如何？[单选题]

选项	小计	比例
十分具体，实践中具有可操作性	10	2.63%
比较具体，实践中能够操作	150	39.47%
比较模糊，不能很好开展工作	150	39.47%
未填写	70	18.42%

根据选项的统计结果，可以得出以下结论：

"比较具体，实践中能够操作"和"比较模糊，不能很好开展工作"两个选项的选择人数相同，都是 150 人，占比均为 39.47%。十分具体，实践中具有可操作性的选择人数较少，占比 2.63%。未填写的人数占比为 18.42%。

根据这些数据，可以初步推断该地区关于值班律师权利的规定在实践中具有一定的可操作性，但也存在一定程度的模糊性，需要进一步明确和完善。

12. 您作为值班律师，在实际接触案件过程中会见权是否得以保障？［单选题］

选项	小计	比例
保障充分	80	21.05%
保障一般	180	47.37%
很难保障	50	13.16%
未填写	70	18.42%

根据该题目，对于值班律师在实际接触案件过程中会见权的保障情况，有 80 人（21.05%）认为保障充分，180 人（47.37%）认为保障一般，50 人（13.16%）认为很难保障，还有 70 人（18.42%）未填写选项。

根据数据可以看出，对于值班律师在实际接触案件过程中会见权的保障，大部分人（68.42%）认为保障程度一般或很难保障，只有少数人（21.05%）认为保障充分。这可能意味着在实际操作中，一些值班律师的会见权受到一定程度的限制。

由于有 70 人未填写选项，所以对于这部分人的观点无法得知。为了得到更准确的结果，建议在未来的调查中加强对选项的填写要求，以提高数据的完整性和可靠性。

13. 您作为值班律师，在实际接触案件过程中是否享有阅卷权？［单选题］

选项	小计	比例
是	250	65.79%
否	70	18.42%
未填写	60	15.79%

数据显示，选择"是"的人数为 250 人，占比为 65.79%；选择"否"的人数为 70 人，占比为 18.42%；未填写的人数为 60 人，占比为 15.79%。

可以看出，大部分值班律师在实际接触案件过程中享有阅卷权，占比为 65.79%；18.42% 的值班律师表示在实际接触案件过程中不享有阅卷权；15.79% 的值班律师没有明确选择是否享有阅卷权。需要注意的是，对于未填写的人数，无法确定具体原因，可能是填写时的遗漏或者其他原因。

14. 您作为值班律师，在实际接触案件过程中是否享有核实证据的权利？［单选题］

选项	小计	比例
是	210	55.26%
否	110	28.95%
未填写	60	15.79%

数据显示，210 人（55.26%）认为作为值班律师在实际接触案件过程中享有核实证据的权利，110 人（28.95%）认为不享有，还有 60 人（15.79%）未填写选项。

15. 您作为值班律师，是否实际参与量刑协商过程？〔单选题〕

选项	小计	比例
每次均参与	10	2.63%
大部分参与	20	5.26%
偶尔参与	150	39.47%
不参与	130	34.21%
未填写	70	18.42%

根据该题目，可以得出以下结论：

参与量刑协商的律师比例不高，只有 7.89% 的人每次或大部分参与，39.47% 的人偶尔参与，34.21% 的人不参与，有 18.42% 的人未填写此题，可能是因为不适用于他们或者是不知道如何回答。参与量刑协商的律师比例较低，需要进一步探究原因，以提高参与度和工作效率。

16. 您认为作为值班律师，应该发挥的作用主要是？（不定项）〔多选题〕

选项	小计	比例
签署认罪认罚具结书的见证者	290	76.32%
检察机关办理认罪认罚程序的帮助者	210	55.26%

选项	小计	比例
为被追诉人提供法律咨询	260	68.42%
代理被追诉人的利益	220	57.89%
其他	20	5.26%
未填写	30	7.89%

在被调查者中,76.32%的人认为值班律师的主要作用是签署认罪认罚具结书的见证者,这表明被调查者普遍认为值班律师在认罪认罚程序中承担重要的角色;68.42%的人认为值班律师的主要作用是为被追诉人提供法律咨询,这表明被调查者认为值班律师应该在法律咨询方面提供帮助和支持;57.89%的人认为值班律师的主要作用是代理被追诉人的利益,这表明被调查者认为值班律师应该在法律程序中代表被追诉人的利益;55.26%的人认为值班律师的主要作用是检察机关办理认罪认罚程序的帮助者,这表明被调查者认为值班律师应该在认罪认罚程序中为检察机关提供协助;5.26%的人选择了其他选项,说明还有少部分人对值班律师的作用有其他的理解或期望。

综上所述,根据数据分析,被调查者普遍认为值班律师在认罪认罚程序中应扮演多个角色,包括签署认罪认罚具结书的见证者、为被追诉人提供法律咨询、代理被追诉人的利益以及协助检察机关办理认罪认罚程序。

17. 您在刑事案件中，最常提供的服务是？（不定项）[多选题]

选项	小计	比例
向犯罪嫌疑人、被告人释明认罪认罚的性质和法律规定	320	84.21%
对人民检察院指控罪名、量刑建议、诉讼程序适用等事项提出意见	260	68.42%
犯罪嫌疑人签署认罪认罚具结书时在场	30	7.89%
未填写	20	5.26%

根据该题目，我们可以得出以下结论：

向犯罪嫌疑人、被告人释明认罪认罚的性质和法律规定是在刑事案件中最常提供的服务，占总有效次数的84.21%；对人民检察院指控罪名、量刑建议、诉讼程序适用等事项提出意见以及犯罪嫌疑人签署认罪认罚具结书时在场也是常见的服务，它们的比例分别为68.42%和7.89%，空选项占5.26%。

综上所述，向犯罪嫌疑人、被告人释明认罪认罚的性质和法律规定是在刑事案件中最常提供的服务，其次是对人民检察院指控罪名、量刑建议、诉讼程序适用等事项提出意见和犯罪嫌疑人签署认罪认罚具结书时在场。

18. 您认为值班律师应当享有哪些诉讼权利？（不定项）

[多选题]

选项	小计	比例
会见、通信权	320	84.21%
阅卷、查阅、复制权	300	78.95%
申请调查取证权	210	55.26%
调查取证权	210	55.26%
针对检察院的量刑建议提出意见权	280	73.68%
都不需要	10	2.63%
其他	30	7.89%
未填写	30	7.89%

根据该题目，对于值班律师应当享有的诉讼权利，选项出现次数占总有效次数的比例如下：会见、通信权：出现 320 次，占 84.21%；阅卷、查阅、复制权：出现 300 次，占 78.95%；申请调查取证权：出现 210 次，占 55.26%；调查取证权：出现 210 次，占 55.26%；针对检察院的量刑建议提出意见权：出现 280 次，占 73.68%；都不需要：出现 10 次，占 2.63%；其他：出现 30 次，占 7.89%；空选项：出现 30 次，占 7.89%。

根据数据分析，绝大多数人认为值班律师应当享有会见、通信权、阅卷、查阅、复制权、申请调查取证权、调查取证权以及针对检察院的量刑建议提出意见权。只有极少数人认为值班律师不需要享有任何诉讼权利。此外，还有一些人选择了其他选项或者没有填写。

19. 您认为值班律师有必要针对检察院的量刑建议提出意见吗？[单选题]

选项	小计	比例
有必要	320	84.21%
没必要	0	0%
由于值班律师本身权利、地位的限制，根本无法针对检察院的量刑建议提出意见	40	10.53%
未填写	20	5.26%

　　根据该题目，有 84.21% 的受访者认为值班律师有必要针对检察院的量刑建议提出意见。只有 10.53% 的受访者认为值班律师由于自身权利、地位的限制无法提出意见。因此，可以得出结论，大多数受访者认为值班律师应该针对检察院的量刑建议提出意见。

20. 您在担任值班律师时会针对检察院的量刑建议提出意见吗？[单选题]

选项	小计	比例
经常	20	5.26%
有时候	130	34.21%
几乎没有	130	34.21%
完全没有	40	10.53%
未填写	60	15.79%

　　根据该题目，我们可以得出以下结论：

经常针对检察院的量刑建议提出意见的比例为 5.26%，有时候针对检察院的量刑建议提出意见的比例为 34.21%，几乎没有针对检察院的量刑建议提出意见的比例为 34.21%，完全没有针对检察院的量刑建议提出意见的比例为 10.53%。有150 人（39.47%）经常或有时候针对检察院的量刑建议提出意见，这表明一部分值班律师在工作中会积极参与量刑建议的讨论和提出意见。另外，有 60 人（15.79%）没有填写选项，可能是因为不适用或者其他原因导致。

综上所述，部分值班律师会针对检察院的量刑建议提出意见，但仍有一部分人没有填写选项或者几乎没有提出意见。

21. 您认为犯罪嫌疑人签署认罪认罚具结书时，值班律师在场见证，是一种形式性还是实质性的见证？[单选题]

选项	小计	比例
单纯起到见证作用，证明这一程序的形式合法	240	63.16%
是值班律师提供有效帮助的一种实质性方式，起到监督检察机关、保障犯罪嫌疑人合法权益的作用	120	31.58%
未填写	20	5.26%

根据该题目，我们可以得出以下结论：

在犯罪嫌疑人签署认罪认罚具结书时，大部分人（63.16%）认为值班律师的在场见证仅仅起到见证作用，证明这一程序的形式合法；31.58%的人认为值班律师的在场见证是一种实质性的方式，能够提供有效帮助，起到监督检察机关、保障犯罪嫌疑人合法权益的作用。另外，有 5.26% 的人没有给出具体选择。

综上所述，对于犯罪嫌疑人签署认罪认罚具结书时，值班律师在场见证的作用，大部分人认为是一种形式性的见证，仅仅证明程序的合法性。少数人认为这是一种实质性的见证，能够提供有效帮助并保障犯罪嫌疑人的合法权益。

22. 您认为现在值班律师的补贴合适吗? [单选题]

选项	小计	比例
合适	50	13.16%
不合适，补贴标准过低，提供法律帮助的案件本身需要较大的时间和精力，难以吸引有经验的律师从事该行业	310	81.58%
未填写	20	5.26%

根据该题目,81.58% 的人认为现在值班律师的补贴标准过低，提供法律帮助的案件本身需要较大的时间和精力，难以吸引有经验的律师从事该行业。13.16% 的人认为补贴合适，5.26% 的人未填写选项。可见，大部分人认为现在值班律师的补贴标准过低，需要提高补贴标准以吸引更多有经验的律师从事该行业。

23. 您认为是否需要对值班律师进行考核？[单选题]

选项	小计	比例
是	290	76.32%
否	70	18.42%
未填写	20	5.26%

根据该题目，76.32%的人认为需要对值班律师进行考核，18.42%的人认为不需要，5.26%的人没有选择任何选项。可以看出，大部分人认为需要对值班律师进行考核。

24. 您认为对值班律师如何进行考核？[单选题]

选项	小计	比例
综合性考核	240	63.16%
具体量化评价	100	26.32%
其他	10	2.63%
未填写	30	7.89%

根据该题目，对值班律师进行考核的方式有四种选择：综合性考核、具体量化评价、其他和空白选项。其中，选择综合性考核选项的有 240 人，占比 63.16%，具体量化评价选项有 100 人选择，占比 26.32%，其他选项有 10 人选择，占比 2.63%，有 30 人未填写，占比 7.89%。

综合性考核是最受欢迎的考核方式，占据了绝大多数的选择。具体量化评价也有一定的支持，但相对较少。其他选项和空白选项的选择人数较少。综合性考核可能是一种考量值班律师的综合能力和表现的方式，可能会综合考虑各种因素，如工作质量、工作效率、团队合作等。具体量化评价可能是一种更具体和明确的考核方式，可能会根据具体的指标和标准来评价值班律师的表现。

根据这些结果，可以推断出对值班律师进行考核时，综合性考核和具体量化评价是两种主要的考核方式，但具体量化评价的支持度较低。可能需要进一步了解具体量化评价的原因和综合性考核的具体内容，以更好地设计和实施对值班律师的考核。

25. 您认为是否有需要对值班律师进行定期培训？[单选题]

选项	小计	比例
是	290	76.32%
否	60	15.79%
未填写	30	7.89%

根据该题目，选择"是"的有 290 人，占比 76.32%；选择"否"的有 60 人，占比 15.79%；未填写的有 30 人，占比 7.89%。

根据以上数据，可以得出以下结论：多数人（76.32%）认为有需要对值班律师进行定期培训；少部分人（15.79%）认为不需要对值班律师进行定期培训；一小部分人（7.89%）没有给出明确的选择。

综上所述，大部分人认为有需要对值班律师进行定期培训，这可能是因为定期培训可以提高值班律师的专业知识和技能，提升工作效率和服务质量。然而，还有一部分人持有不同意见，可能是因为他们认为现有的培训措施已经足够，或者有其他原因。针对这些不同意见，可以进一步调查和研究，以确定是否需要调整培训策略。

26. 您认为定期培训多久培训一次较为合适？[单选题]

选项	小计	比例
半年	140	36.84%
一年	180	47.37%
两年	10	2.63%
其他	20	5.26%
未填写	30	7.89%

根据该题目，半年培训一次的选项被选择了140次，占比36.84%；一年培训一次的选项被选择了180次，占比47.37%；两年培训一次的选项被选择了10次，占比2.63%；其他选项被选择了20次，占比5.26%；空选项被选择了30次，占比7.89%。

根据以上数据，可以得出以下结论：大多数人认为一年培训一次较为合适，占比为47.37%，是最受欢迎的选项；其次是半年培训一次，占比为36.84%；两年培训一次的选项被选择的次数较少，只有10次，占比为2.63%；还有一小部分人选择了其他选项或者没有填写选项，分别占比为5.26%

和 7.89%。

综上所述，根据参与者的选择，大多数人认为一年培训一次较为合适，而半年培训一次也是被认可的选择。

27. 您认为培训内容应当以什么为主？（不定项）［多选题］

选项	小计	比例
专业素养	300	78.95%
制度、政策解读	250	65.79%
值班律师之间的交流	190	50%
提升值班律师积极性	160	42.11%
未填写	30	7.89%

根据该题目，我们可以得出以下结论：

在培训内容中，被认为最重要的是专业素养，占总有效次数的比例为 78.95%。这表明参与者普遍认为专业素养是培训中应该重点关注的内容。其次是制度、政策解读，占总有效次数的比例为 65.79%。这说明参与者对于了解和解读相关制度和政策也非常重视。值班律师之间的交流被认为是培训内容中较为重要的部分，占总有效次数的比例为 50%。这表明参与者认为律师之间的交流对于提升自身能力和知识也有一定的帮助。提升值班律师积极性被认为是较为次要的内容，占总有效次数的比例为 42.11%。这表明参与者对于提升积极性的重要性有一定的认识，但并不是最关注的方面。有少部分参与者选择了空选项，占总有效次数的比例为 7.89%。这可能表示这些参与者对于培训内容没有明确的偏好或者他们认为其他内容更重要。

综上所述，参与者普遍认为专业素养和制度、政策解读是培训中最重要的内容，同时也重视律师之间的交流。提升值班律师积极性相对次要。建议在培训中重点关注专业素养和制度、政策解读，并加强律师之间的交流。

28. 您认为是否有必要建立值班律师的配套激励机制？[单选题]

选项	小计	比例
是	340	89.47%
否	10	2.63%
未填写	30	7.89%

根据该题目，有 340 人选择"是"，占比 89.47%，10 人选择"否"，占比 2.63%，30 人未填写，占比 7.89%。可见，大多数人认为有必要建立值班律师的配套激励机制。

29. 您认为法律援助案件的补贴每人每天不低于？[单选题]

选项	小计	比例
200 元	20	5.26%
300 元	100	26.32%
400 元	200	52.63%
其他	30	7.89%
未填写	30	7.89%

根据该题目，52.63% 的受访者认为法律援助案件的补贴

每人每天不低于 400 元，26.32% 的受访者认为不低于 300 元，5.26% 的受访者认为不低于 200 元。还有 7.89% 的受访者提出了其他建议，30 人未填写。建议在制定法律援助补贴标准时，应考虑到绝大多数受访者的意见，以 400 元为标准。

30. 您认为什么是决定值班律师补贴发放标准的最重要因素？（不定项）［多选题］

选项	小计	比例
案件难易程度	260	68.42%
值班律师提供法律帮助工作量	320	84.21%
法律帮助效果	170	44.74%
其他	20	5.26%
未填写	30	7.89%

根据该题目，可以得出以下描述性分析结果：

案件难易程度是决定值班律师补贴发放标准的最重要因素，其比例为 68.42%。这表明大部分人认为案件难易程度是补贴发放标准的主要考量因素。值班律师提供法律帮助工作量也是重要因素之一，其比例为 84.21%。这意味着律师提供的工作量越多，补贴发放的可能性越高。法律帮助效果是决定补贴发放标准的因素之一，但相对较低，比例为 44.74%。这可能意味着人们认为律师的工作效果并不是衡量补贴发放的主要考虑因素。其他因素和空白选项的比例相对较低，分别为 5.26% 和 7.89%。这表明大部分人在选择最重要因素时，倾向于从给定的选项中进行选择。

综上所述，根据数据分析，案件难易程度和值班律师提供的工作量是决定值班律师补贴发放标准的最重要因素，而法律帮助效果相对较低。

31. 您认为如何提高值班律师参与和工作的积极性？（不定项）[多选题]

选项	小计	比例
对履职出色的律师发放奖金	250	65.79%
对履职出色的律师在评优评先、推荐资格方面给予倾斜	310	81.58%
对履职出色的律师可入选管理机构	250	65.79%
其他	0	0%
未填写	30	7.89%

根据该题目，我们可以得出以下结论：

对履职出色的律师发放奖金是提高值班律师参与和工作积极性的一种有效措施。该选项的选择比例为65.79%。对履职出色的律师在评优评先、推荐资格方面给予倾斜也是提高值班律师参与和工作积极性的一种有效措施。该选项的选择比例为81.58%，位列所有选项之首。对履职出色的律师可入选管理机构是提高值班律师参与和工作积极性的一种有效措施。该选项的选择比例为65.79%，与对履职出色的律师发放奖金的选择比例相同。其他选项和空选项的选择比例都较低，分别为0%和7.89%。

综上所述，为了提高值班律师参与和工作的积极性，可以采取的有效措施包括对履职出色的律师发放奖金，在评优评先、推荐资格方面给予倾斜以及将履职出色的律师纳入管理机构。

32. 您认为对值班律师的监督措施主要包括？（不定项）[多选题]

选项	小计	比例
对值班律师不尽职尽责的情况要进行训诫	250	65.79%
对值班律师不尽职尽责的情况要进行罚款	150	39.47%
对值班律师不尽职尽责的情况在律协进行通报批评	230	60.53%
设定详尽的考核评判标准，对考核不合格律师禁止其在一定期限内担任值班律师	280	73.68%
其他	20	5.26%
未填写	30	7.89%

根据该题目,对值班律师的监督措施主要包括以下几项：

对值班律师不尽职尽责的情况要进行训诫，占比为65.79%；对值班律师不尽职尽责的情况要进行罚款，占比为39.47%；对值班律师不尽职尽责的情况在律协进行通报批评，占比为60.53%；设定详尽的考核评判标准，对考核不合格律师禁止其在一定期限内担任值班律师，占比为73.68%。

根据以上数据，可以看出，对值班律师的监督措施中，设定详尽的考核评判标准并禁止不合格律师担任值班律师的措施得到了最高的比例支持，达到了73.68%。同时，对值班律师进行训诫和通报批评的措施也得到了较高的支持，分别占比 65.79% 和 60.53%。罚款措施的支持度相对较低，占比为 39.47%。此外，还有一小部分人选择了其他方式或未填写具体选项。

根据以上分析结果，可以得出结论：设定详尽的考核评判标准并禁止不合格律师担任值班律师是对值班律师的监督措施中最受支持的措施，同时训诫和通报批评也是常见的监督方式。罚款措施相对较少被选择。

33. 您认为值班律师在办理案件中是否有必要享有会见权？[单选题]

选项	小计	比例
有必要	340	89.47%
不必要	10	2.63%
未填写	30	7.89%

根据该题目，有 89.47% 的受访者认为值班律师在办理案件中有必要享有会见权，仅有 2.63% 的受访者认为不必要，7.89% 的受访者未填写选项。因此，大部分受访者认为值班律师在办理案件中有必要享有会见权。

34. 您认为在案件中应该从哪些方面对值班律师进行考核？（不定项）[多选题]

选项	小计	比例
供给法律知识是否准确充分	300	78.95%

选项	小计	比例
程序权益维护是否及时	300	78.95%
是否实际履行签署具结书在场义务	280	73.68%
被追诉人是否真实自愿签署具结书	220	57.89%
法律意见是否具有针对性与建设性	280	73.68%
其他	10	2.63%
未填写	30	7.89%

根据该题目，可以得出以下结论：

在案件中对值班律师进行考核时，最重要的方面是供给法律知识是否准确充分和程序权益维护是否及时，这两个选项的比例都达到了 78.95%；其他重要的考核方面包括是否实际履行签署具结书在场义务和法律意见是否具有针对性与建设性，这两个选项的比例均为 73.68%；被追诉人是否真实自愿签署具结书的比例为 57.89%，相对较低；其他方面的考核，包括其他和空选项，比例较低，分别为 2.63% 和 7.89%。

综上所述，供给法律知识是否准确充分和程序权益维护是否及时是对值班律师进行考核时最重要的方面，而被追诉人是否真实自愿签署具结书的重要性相对较低。其他方面的考核相对较少被提及。

35. 您认为建立何种被追诉人对值班律师的不良服务态度等申诉的渠道最为合适？（不定项）［多选题］

选项	小计	比例
援助工作结束后发放调查表	220	57.89%
直接询问被追诉人	180	47.37%
设立申诉服务窗口	280	73.68%
其他	20	5.26%
未填写	30	7.89%

根据该题目,可以得出以下结论：

援助工作结束后发放调查表，占总有效次数的 57.89%；设立申诉服务窗口，占总有效次数的 73.68%；直接询问被追诉人，占总有效次数的 47.37%；其他选项和空选项的选择比例较低，分别占总有效次数的 5.26% 和 7.89%。

综上所述，被追诉人认为建立援助工作结束后发放调查表和设立申诉服务窗口是对值班律师的不良服务态度等申诉的最为合适的渠道。直接询问被追诉人也是一种较为合适的方式。

36. 您认为对于值班律师人数过少的情况，采取什么措施招募比较合适？（不定项）［多选题］

选项	小计	比例
公开招聘	250	65.79%
政府采购	190	50%

续表

选项	小计	比例
管理机构直接选取	160	42.11%
其他	20	5.26%
未填写	30	7.89%

根据该题目,对于值班律师人数过少的情况,各个选项的比例如下:

公开招聘:65.79%;政府采购:50%;管理机构直接选取:42.11%;其他:5.26%;(空):7.89%。

根据比例分析,公开招聘是最受认可的措施,占比最高。政府采购和管理机构直接选取也有相对较高的比例。而其他选项和空选项的比例较低。

因此,可以得出以下结论:公开招聘是招募值班律师人数过少情况下最合适的措施。政府采购和管理机构直接选取也是可以考虑的招募方式。其他选项和空选项的比例较低,说明被认可度较低,可能不是最优的招募方式。

37. 您认为是否有必要建立专门的机构去管理值班律师队伍?[单选题]

选项	小计	比例
是,法律援助机构同时管理了值班律师与法律援助律师,有可能在进行工作的时候产生身份重叠和混乱	230	60.53%
否,现有的管理机构就已经足够	120	31.58%

续表

选项	小计	比例
未填写	30	7.89%

根据该题目，可以得出以下分析结果：

在对是否有必要建立专门的机构去管理值班律师队伍的问题上，60.53%的人选择了是，31.58%的人选择了否，7.89%的人没有选择。60.53%的人认为建立专门的机构去管理值班律师队伍是必要的，他们担心法律援助机构同时管理值班律师和法律援助律师可能会导致身份重叠和混乱。31.58%的人认为现有的管理机构已经足够，暗示他们认为现有机构可以有效管理值班律师队伍，不需要再建立专门的机构。7.89%的人没有选择，可能是由于对该问题没有明确的观点或者其他原因导致。

综上所述，大部分人认为有必要建立专门的机构去管理值班律师队伍，他们担心现有机构管理的重叠和混乱。少部分人认为现有机构已经足够。

38. 您认为现行值班律师轮换制是否合适？[单选题]

选项	小计	比例
合适，值班律师都有自己的本职工作，轮换制对值班律师的时间安排比较合理	230	60.53%
不合适，应当考虑案件的难易情况，对于案情较为复杂的案件的值班律师不适合采用轮换制	120	31.58%
未填写	30	7.89%

根据该题目,我们可以得出以下结论:

60.53%的人认为现行值班律师轮换制是合适的,他们认为值班律师都有自己的本职工作,轮换制对值班律师的时间安排比较合理。31.58%的人认为现行值班律师轮换制不合适,他们认为应当考虑案件的难易情况,对于案情较为复杂的案件的值班律师不适合采用轮换制。7.89%的人没有给出具体的选择,选择了空。

综上所述,根据填写人的意见,大多数人认为现行值班律师轮换制是合适的,但也有部分人认为应该考虑案件的难易情况来决定是否采用轮换制。

39. 您认为哪个群体是对值班律师工作评价的主体?(不定项)〔多选题〕

选项	小计	比例
被追诉人	180	47.37%
司法机关	140	36.84%
值班律师管理人员	110	28.95%
以上三者都参与	230	60.53%
其他	0	0%
未填写	30	7.89%

根据该题目,对值班律师工作的评价的主体是被追诉人、司法机关、值班律师管理人员和以上三者都参与的群体。其中,被追诉人占据了 47.37% 的比例,司法机关占据了 36.84% 的比例,值班律师管理人员占据了 28.95% 的比例,以

上三者都参与的群体占据了 60.53% 的比例。而其他和空选项的比例较低，分别为 0% 和 7.89%。

40. 您认为选任最低职业年限多少年的律师来担任值班律师比较合适？[单选题]

选项	小计	比例
1 年以上	30	7.89%
2-5 年	190	50%
5 年以上	130	34.21%
未填写	30	7.89%

根据该题目，50% 的人认为选任 2-5 年职业年限的律师来担任值班律师比较合适，34.21% 的人认为选任 5 年以上职业年限的律师比较合适，7.89% 的人认为选任 1 年以上职业年限的律师比较合适，还有 7.89% 的人没有填写选项。可以看出，大多数人认为选任 2 年以上的职业年限的律师来担任值班律师比较合适。

上述统计数据虽然仅在邯郸地区进行调查，但是分析结论反映了值班律师制度的实际情况，具有一定的代表性。

一是值班律师的角色定位不明确。很多学者讨论过值班律师的角色定位，到底是法律帮助者还是辩护人。根据现行立法，值班律师具有"法律帮助者"与"辩护人"双重属性。首先，值班律师是辩护人的初期或者初级阶段，即值班律师在侦查阶段提供法律帮助，属于"法律帮助者"。现行《刑事诉讼法》规定，值班律师的功能在于为犯罪嫌疑人、被告人提供法律帮助，即是对值班律师属于"法律帮助者"的一种定性，值班律师可以为没有委托律师的犯罪嫌疑人、被告人提供法律帮助，以保障犯罪嫌疑人、被告人的合法权利。其次，值班律师在这一阶段已经接受委托或者由法律援助机构指定，其也就具有辩护人的身份了①。现行《刑事诉讼法》将值班律师制度规定在第四章辩护与代理中，实际上是已将值班律师纳入广义"辩护"服务范围。

二是值班律师提供法律帮助实际效果不明显。鉴于值班律师具有公益性特点，对于值班律师的选择，犯罪嫌疑人、被告人没有选择权，其往往是被动接受。《法律援助法》第2条规定，本法所称法律援助，是指国家建立的为经济困难公民和符合法定条件的其他当事人无偿提供法律咨询、代理、刑事辩护等法律服务的制度，是公共法律服务体系的组成部分。而且，值班律师更多的是在认罪认罚程序中作为"见证人"，以证实司法程序的合法性。例如，值班律师在侦查阶段签署认罪认罚具结书这个程序中担任"帮助者"的角色，因为此阶段不涉及实体的处理，而且还有后面的起诉和审判阶段，这样看似没问题，但实则变相剥夺了犯罪嫌疑人、被告人的辩护权。由于认罪认罚制度首先需要犯罪嫌疑人、被告人对犯罪事实的承认，已经涉及实体问题，并影响后续的定

---

① 杨波：《论认罪认罚案件中值班律师制度的功能定位》，载《浙江工商大学学报》2018年第5期，第35页。

罪量刑，这时值班律师已担任了"辩护人"的角色。但是，实践中，值班律师由法律援助机构指派，代表一种公权力在行使职责，这与由犯罪嫌疑人、被告人及其近亲属委托的辩护人在站位、考虑问题初衷及目的等方面具有差异性。而且，值班律师在提供法律帮助过程中，与犯罪嫌疑人、被告人没有委托关系、没有进行过深入交流，对案情不甚了解，这时值班律师对认罪认罚过程中提供的法律帮助可以说仅是证明"是他自愿签的字"或者"检察院给当事人示明了什么东西"的一种见证行为，值班律师在这个程序中仅是对公安司法机关程序上予以配合的"帮助者"，对犯罪嫌疑人、被告人并未提供任何实质性帮助。

三是值班律师提供法律帮助与后续辩护人提供辩护服务衔接程序不畅通。犯罪嫌疑人、被告人在不同阶段可以委托不同律师，值班律师制度不影响犯罪嫌疑人、被告人聘请其他律师作为其辩护人。值班律师仅为没有辩护人的犯罪嫌疑人、被告人提供法律帮助，一旦犯罪嫌疑人、被告人委托了辩护人，值班律师就不再为其提供法律服务。相关法律也未规定，值班律师将前期的认罪认罚见证情况与聘请的辩护律师进行交接，这使得值班律师与"辩护人"在程序衔接上问题突出。

而且，对值班律师见证犯罪嫌疑人、被告人认罪认罚的程序，后续委托的辩护人是否可以在法庭上进行独立辩护，作出无罪或罪轻的辩护观点，相关法律未予规定。如果因值班律师见证犯罪嫌疑人、被告人认罪认罚，而否定后续辩护人的辩护，让开庭形同虚设，这样做违背以审判为中心的司法理念，也违背了《刑事诉讼法》规定的辩护人在刑事案件中行使独立辩护权的精神。司法实践中，也存在一些对事实有争议的犯罪，有的检察院就争取让犯罪嫌疑人认罪认罚，这样可确保公诉的成功率。但是，认罪认罚制度如果被这样使用，就偏离了该制度的初衷，极有可能制造出冤假错案。因此，要把值班律师见证认罪认罚作为例外和补充情形，把委托辩护律师参与认罪认罚作为常态。而且，即使前期犯罪嫌疑人、被告人认罪认罚，辩护律师如有证据证实无罪或者罪轻，司法程序仍应保障辩护人进行独立辩护的权利，以保障犯罪嫌疑人、被告人的合法权益。

第二节　值班律师权利设定不完整

　　笔者从中国裁判文书网中随机挑选 10 个浙江省值班律师参与认罪认罚案件的相关案例，以期能更加直观地显示值班律师参与诉讼的情况，为进一步的分析提供参考①。

---

　　① 参见中国裁判文书网，关键词搜索为认罪认罚从宽制度，http://wenshu.court.gov.cn，2019 年 11 月 5 日。

值班律师参与认罪认罚案件的相关案例

序号、案名	案件编号	适用程序	罪名	值班律师参与内容
1. 胡某（中专文化）开设赌场案	（2019）浙0803刑初261号	简易程序、认罪认罚从宽制度	开设赌场罪	签署具结书
2. 陶某某（高中文化）危险驾驶案	（2019）浙0803刑初264号	速裁程序、认罪认罚从宽制度	危险驾驶罪	签署具结书
3. 蔡某某（初中文化）危险驾驶案	（2019）浙0303刑初934号	速裁程序、认罪认罚从宽制度	危险驾驶罪	签署具结书
4. 徐某某（高中文化）危险驾驶案	（2019）浙0303刑初949号	速裁程序、认罪认罚从宽制度	危险驾驶罪	签署具结书
5. 何某某（小学肄业）盗窃案	（2019）浙0803刑初258号	速裁程序、认罪认罚从宽制度	盗窃罪	签署具结书
6. 郭某（初中肄业）危险驾驶案	（2019）浙0803刑初322号	速裁程序、认罪认罚从宽制度	危险驾驶罪	签署具结书
7. 毛某某（初中文化）危险驾驶案	（2019）浙0803刑初253号	速裁程序、认罪认罚从宽制度	危险驾驶罪	签署具结书
8. 刘某、徐某（初中文化）故意伤害案	（2019）浙0803刑初260号	普通程序、认罪认罚从宽制度	故意伤害罪	签署具结书
9. 毛某某（初中文化）危险驾驶案	（2019）浙0803刑初282号	速裁程序、认罪认罚从宽制度	危险驾驶罪	签署具结书

续表

序号、案名	案件编号	适用程序	罪名	值班律师参与内容
10. 姜某某、童某某、郑某（小学、初中、初中文化）容留他人吸毒案	（2019）浙 0803 刑初 301 号	简易程序、认罪认罚从宽制度	容留他人吸毒罪	签署具结书

　　分析表中的内容可以发现,在这 10 个随机挑选的案例中,值班律师参与认罪认罚案件的诉讼程度基本上仅限于签署具结书。其在实务中的功能类似于见证人, 没有起到其他职能作用,只是履行了见证人的职责。对于值班律师在案件中享有哪些权利、是否提出了对案件的相关建议和如何在案件中起到应有的作用, 在这些文书中都没有找到相关的记载。更需要我们注意的是, 在这些文书中甚至都没有说明值班律师究竟是在何时进入到案件中去, 也没有细说他们究竟是如何捍卫被追诉人的相关合法权益的。实务中, 在审查起诉阶段,值班律师在被追诉人签订具结书时检方确实支持他们在场,但是很多的细节问题却重视不够, 比如检方对其是否对犯罪嫌疑人、被告人尽了应尽的义务, 是否提供切实有效的帮助。这实际上说明了值班律师只是无关紧要的第三方, 只是在一边看着被追诉人签了具结书, 而对于该案却并不了解, 也没有和被追诉人进行深入的交流, 缺乏对认罪认罚案件的实质有效参与, 这导致的后果就是难以保护被追诉人的合法权益,最终和我们的立法目的相违背。

就目前的认罪认罚案件而言，值班律师的工作是十分重要的。但就目前法律法规的规定而言，值班律师的主要职能是为犯罪嫌疑人、被告人提供一些法律咨询建议、向检察机关就案件的处理提出自己的意见。并且从上文中关于值班律师的角色定位问题的分析结果可以得出，我国的值班律师并不能够把自己定位为辩护律师参与认罪认罚案件，自然我们也就不能够将值班律师作为案件的辩护人来看待。这也表明，相较于一般的辩护律师而言，值班律师是没有辩护权的。也就是说，在案件的审理过程中值班律师只能提出一些建议，至于检察机关是否采纳则不确定。具体的关于值班律师的法律帮助职能包含哪些，值班律师具体拥有哪些职权无法进行界定。在 2018 年修订的《刑事诉讼法》中只是规定了值班律师应当在什么情况下需要介入认罪认罚案件，值班律师介入认罪认罚案件后法院、检察院、看守所等机关需要给值班律师会见犯罪嫌疑人、查阅案件卷宗等工作提供便利。但是，对于这些应当提供的便利具体要怎么实现，目前还没有相关条文作出规定，这也就不可避免地出现值班律师参与案件难、行使权利难等情况。以上种种原因导致了值班律师在实际参与中很大程度上变成了案件审理过程的"见证人"，其真正应当拥有的功能没能发挥出来。由于每一个案件案情都是不同的，这也就加大了值班律师给被追诉人提供法律援助的难度。在他们无法完全掌握完整的案件具体信息情况下，就无法准确地给申请援助的被追诉人提供一些专业准确的分析。不具备辩护人身份的值班律师仅仅负责为被追诉人提供一些有限的法律帮助，并不拥有积极作为地参与认罪认罚案件的诉讼权利。我国法律明文规定，从检察院对案件进行审查起诉之日开始，值班律师就可以查看案件的卷宗，了解相关案情。但在实际司法操作过程中，大多数情况下值班律师仅仅是单纯地依靠犯罪嫌疑人的言论表述和部分证据资料，对检察院的量刑建议等方面发表意见，这显然都是毫无意义的。而更深层次地为被追诉人在认罪认罚案件中争取到最大的利益并与检察机关进行有效的量刑磋商更是成为一种奢望。因此，值班律师有限的诉讼权利约束着值班律师功能的真正实现，为被追诉人提供帮助的效果也值得怀疑，自然就无法说其实质有效参与了认罪认罚案件。

第三节　值班律师权利保障不全面

针对律师进行的调查问卷中，回答第 16 小问"作为值班律师，应该发挥的作用是"时，具体数据如下图所示，大多数律师认为其应该起到辩护律师的作用。从被追诉人角度出发，值班律师能够较好地保护他们的合法权益；从值班律师自身角度出发，其也能承担较低的法律风险，而不是仅仅进行法律咨询或者是仅为见证人。

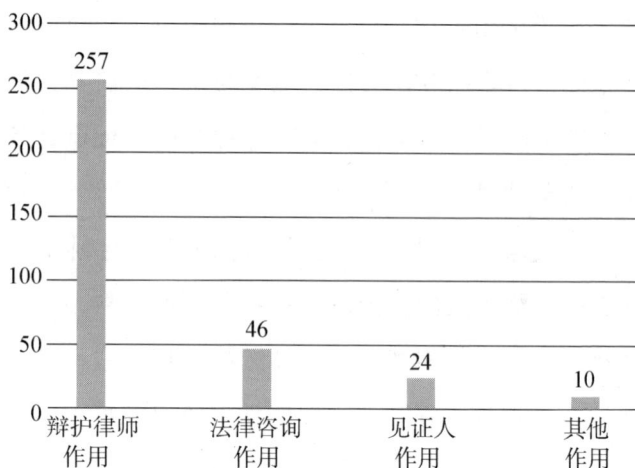

值班律师参与认罪认罚案件应起作用

值班律师在很多情况下无法真正地参与到认罪认罚案件中，在很大程度上是由于值班律师的权利保障不到位导致的，是其在认罪认罚案件中究竟应该发挥何种功能不明确引起的。首先，值班律师在参加认罪认罚案件时需要与办案部门进行协同合作，在与犯罪嫌疑人、被告人进行沟通交流时，当他们得知犯罪嫌疑人、被告人有认罪认罚意愿时，应该主动将情况告知办案部门。如果犯罪嫌疑人、被告人没有认罪认罚的想法，值班律师就要尽量帮助办案部门对其进行说服，这也正是值班律师与辩护律师的一个突出区别。辩护律师与委托人之间是一种委托关系，双方之间存在一种利益关系和相互信任的基础，辩护律师的职责就是要促成委托人的利益最大化，但是犯罪嫌疑人、被告人与值班律师的关系则不同，二者之间既不存在受到法律约束的私法关系，也不存在利益关系，值班律师帮助犯罪嫌疑人、被告人更多是一种公益行为。值班律师的功能更多的是帮助犯罪嫌疑人、被告人维护权利的法律公益援助性质。其次，与辩护律师不同的地方是，值班律师制度主要是由国家财政作为支撑建立的，从值班律师个人心理来说，其更愿意承担的是帮助办案机关提高司法效率以及促进维护认罪认罚从宽制度有效运行的职责。所以说辩护律师与办案机关之间更多的是对抗关系，而值班律师与办案机关之间更多的是协商合作的关系，也就是说，在认罪认罚案件中的值班律师更多的是作为办案机关的合作者。在认罪认罚案件中值班律师因角色定位的模糊性，往往对其所需要参与的认罪认罚案件中的具体工作着重点及具体要求其参与的案件工作管理步骤、运行管理流程感到茫然，不利于充分调动值班律师的有效性能①。

为值班律师提供有力的权利保障是完善值班律师制度的前提，也是值班律师发挥保障人权作用的基础。值班律师制度设立的初衷就是扩大法律援助的适用范围，目的是为犯罪嫌疑人和被告人提供免费的法律帮助。值班律师的职责更多的是帮助和辅助被追诉人行使诉讼权利，在权利行使的广度和对案件实体处理实质性影响上，更倾向于一种辅助性权利。2021 年 3 月 1 日起施行的《最高人民法院关于适用〈中华人民共和国刑事诉讼法〉的解释》第 44 条第 2 款规定："被告人没有委托辩护人，法律援助机构也没有指派律师为其提供辩护的，人民法院应当告知被告人有权约见值班律师，并为

---

① 胡铭：《律师在认罪认罚从宽制度中的定位及其完善——以 Z 省 H 市为例的实证分析》，载《中国刑事法杂志》2018 年第 5 期，第 115 页。

被告人约见值班律师提供便利。"第 53 条规定："辩护律师可以查阅、摘抄、复制案卷材料。其他辩护人经人民法院许可，也可以查阅、摘抄、复制案卷材料。合议庭、审判委员会的讨论记录以及其他依法不公开的材料不得查阅、摘抄、复制。辩护人查阅、摘抄、复制案卷材料的，人民法院应当提供便利，并保证必要的时间。值班律师查阅案卷材料的，适用前两款规定……"该解释明确赋予了被告人约见值班律师权和值班律师阅卷权。值班律师享有在场权、会见权、阅卷权等权利，对保障被追诉人基本权利可以起到实质性作用，并对国家追诉机关权力行使形成有效制约。"寻求重叠性共识过程中如何防止信息不对称、讨论方式能否保证当事人的对等性、共识形成过程是否存在合意不纯或者压服等问题"，"这些程序性条件正是区别实质性共识之真伪的'试金石'"。这些权利是保障被追诉人获得值班律师法律帮助权的基础，具有很大的进步意义。从制度设计的初衷来看，值班律师提供的是有效的法律帮助，而不仅仅是形式上的帮助，因而值班律师的职责和权利范围仍值得探讨。我国《刑事诉讼法》第 36 条第 1 款规定："法律援助机构可以在人民法院、看守所等场所派驻值班律师。犯罪嫌疑人、被告人没有委托辩护人，法律援助机构没有指派律师为其提供辩护的，由值班律师为犯罪嫌疑人、被告人提供法律咨询、程序选择建议、申请变更强制措施、对案件处理提出意见等法律帮助。"

《刑事诉讼法》第 34 条规定，犯罪嫌疑人委托辩护人的时间为"自被侦查机关第一次讯问或者采取强制措施之日起"，从这条规定可以看出，在这一时间点律师所提供的法律帮助是不当然具有辩护性质的。《认罪认罚意见》第 10 条第 2 款规定："犯罪嫌疑人、被告人自愿认罪认罚，没有辩护人的，人民法院、人民检察院、公安机关（看守所）应当通知值班律师为其提供法律咨询、程序选择建议、申请变更强制措施等法律帮助。符合通知辩护条件的，应当依法通知法律援助机构指派律师为其提供辩护。"从这一规定可以看出，认罪认罚案件中的犯罪嫌疑人、被告人获得辩护的前提条件是"符合通知辩护条件"，也就是说，只有符合辩护条件，法律援助机构才会指派律师为其提供辩护。此处可以看出，"法律帮助"与"辩护"的内涵存在差别，即不能将认罪认罚案件中的值班律师所提供的法律帮助认为是辩护行为。

从司法实践来看，由于值班律师的权利保障不到位，会导致值班律师制度的适用出现问题，主要问题有两个：一是值班律师制度适用中存在"会见难"的问题。值班律师的工作地点一般设在看守所内，即便如此，值班律师会见犯罪嫌疑人、被告人也不是易事。如果值班律师既不是当事人委托的辩护人，也不是法律援助机构指派的辩护人，那么值班律师要想会见犯罪嫌疑人、被告人，必须要拿出"委托书"或者"法律援助公函"，否则不会被允许会见。二是值班律师的权利义务不明确，无法更有效地保障犯罪嫌疑人、被告人的诉讼权利。《认罪认罚意见》第 12 条规定，值班律师可以会见犯罪嫌疑人、被告人，自审查起诉之日起可以查阅案卷，但是对于其他诉讼权利，包括核实证据权、调查取证权，却尚无明确的法律规定，仍存在权利的模糊。

刑事诉讼程序对被追诉人而言，是负累甚至是惩罚，公民成为司法机关追诉的对象，其名誉、人身自由、社会地位、财产等方面都会受到巨大影响①。如果值班律师权利保障不到位，那么值班律师制度是难以实现其保障人权的功能的，这与值班律师制度设立的初衷相背离。为发挥值班律师制度应有的效用，重新审视值班律师的定位是必须的。值班律师制度是律师辩护制度和法律援助制度在新的历史阶段的新发展，值班律师在认罪认罚案件中应当是犯罪嫌疑人、被告人的辩护人，这种定位既契合我国辩护制度的新发展，同时也符合联合国刑事司法准则的要求。

笔者在进行大量案件检索的基础上发现，在认罪认罚案件中，值班律师的参与情况各省之间存在一定的差异，以浙江省为例，共检索到263篇适用认罪认罚从宽制度的文书，有149篇文书中提到案件是有律师参与的，其在263件认罪认罚案件中的比例约为57%，还有接近一半的案件是没有律师参与的。另外，通过进一步的检索，只检索出29篇值班律师参与到认罪认罚案件的文书，占比约为11%。笔者随机挑选了一些具体案件，如下表:②

---

① 汪海燕、付奇艺：《后劳教时代的改革径路——以程序与实体的交互影响为视角》，载《法学杂志》2015年第7期，第112页。

② 参见中国裁判文书网，关键词搜索为认罪认罚从宽制度，http://wenshu.court.gov.cn，2019年11月5日。

序号、案名	判决法院	适用程序	律师参与情况	判处的刑罚
1. 李某某盗窃案	浙江省宁波市中级人民法院	简易程序、认罪认罚从宽制度	法律援助中心指派律师	有期徒刑六个月，并处罚金人民币一千元
2. 刘某危险驾驶案	浙江省宁波市中级人民法院	简易程序、认罪认罚从宽制度	无	拘役一个月零十五日，并处罚金人民币三千元
3. 罗某某盗窃案	浙江省台州市中级人民法院	认罪认罚从宽制度	无	有期徒刑九个月，并处罚金人民币两千元
4. 郭某危险驾驶案	浙江省衢州市衢江区人民法院	认罪认罚从宽制度	值班律师	拘役二个月，缓刑三个月，并处罚金人民币四千元
5. 李某某盗窃案	浙江省嵊州市人民法院	简易程序、认罪认罚从宽制度	无	有期徒刑十个月，并处罚金人民币二千元
6. 张某某危险驾驶案	浙江省嵊州市人民法院	简易程序、认罪认罚从宽制度	无	拘役一个月零十五日，并处罚金人民币三千元
7. 郭某某故意伤害案	浙江省嵊州市人民法院	简易程序、认罪认罚从宽制度	无	有期徒刑一年四个月
8. 张某某盗窃案	浙江省嵊州市人民法院	简易程序、认罪认罚从宽制度	无	有期徒刑九个月，并处罚金人民币二千元
9. 尹某某故意伤害案	浙江省仙居县人民法院	认罪认罚从宽制度	无	有期徒刑七个月，缓刑一年

续表

序号、案名	判决法院	适用程序	律师参与情况	判处的刑罚
10. 刘某诈骗案	浙江省瑞安市人民法院	简易程序、认罪认罚从宽制度	无	有期徒刑二年六个月，并处罚金人民币一万五千元
11. 张某某寻衅滋事案	浙江省嵊州市人民法院	简易程序、认罪认罚从宽制度	无	有期徒刑九个月
12. 颜某某危险驾驶案	浙江省衢州市衢江区人民法院	速裁程序、认罪认罚从宽制度	值班律师	拘役一个月，缓刑二个月

2017 年 10 月，《最高人民法院、司法部关于开展刑事案件律师辩护全覆盖试点工作的办法》第 2 条第 4 款规定："适用简易程序、速裁程序审理的案件，被告人没有辩护人的，人民法院应当通知法律援助机构派驻的值班律师为其提供法律帮助。"根据该规定，值班律师制度应该只能适用于轻罪案件，但不能仅停留在法条条文表面的解读上，而应该从制度设立的目的和意义出发。我国借鉴域外经验，引进并确立值班律师制度，其目的是扩大法律援助的覆盖范围，充分保障犯罪嫌疑人、被告人的诉讼权利。因此，在轻罪中，犯罪嫌疑人、被告人的权利应该得到保障，那么在重罪中，基本诉讼权利也应该得到保障。值班律师制度的适用应有更广阔的范围，不应拘泥于简易程序、速裁程序适用的轻罪案件。重罪案件的处理会比一般轻罪案件更复杂，因此更需要律师提

供法律帮助。扩大值班律师制度的适用范围，有利于重罪案件的审慎处理，更好地保障被追诉人的人权，同时这也是当前司法改革的重点。

应当注意的是，轻罪和重罪都可以适用值班律师制度，但是并不意味着所有案件一律适用值班律师制度。对于值班律师制度的适用，应该在适应值班律师制度特点的前提下去适用，做到有的放矢。从当前法律规定来看，认罪认罚案件以及适用简易程序、速裁程序的案件都可以适用值班律师制度，其他一些类型的案件没有被纳入值班律师制度的适用范围。例如，被追诉人为盲、聋、哑人，或者是尚未完全丧失辨认或者控制自己行为能力的精神病人，或者是未成年人，或者是可能被判处无期徒刑、死刑的案件，由于已经适用强制法律援助辩护而不应当适用值班律师制度；被追诉人自己已经委托了辩护人的案件也不能适用值班律师制度。

值班律师被给予辩护人的职责，既是保障被追诉人合法权益的需要，也是法律援助制度发展方向的必然要求。在此情境下，值班律师应该担负起怎样的职责？明确值班律师的法律权利义务，可从域外成功经验中获取灵感。大多数值班律师制度成熟的国家，值班律师的法律权利义务都是多元化的。例如，加拿大的值班律师会通过接听电话的方式来为被追诉人提供法律咨询服务①。在英国，值班律师在认罪案件中

---

① 宋英辉、孙长永、朴宗根等：《外国刑事诉讼法》，北京大学出版社2011年版，第134页。

为被追诉人提供法律咨询和协助①。

国外的成功经验要在适合我国国情的基础上借鉴。毋庸置疑，值班律师的职责包括其在认罪认罚案件中的职责、简易程序中的职责、速裁程序中的职责以及其他案件中的职责等。《刑事诉讼法》第15条规定了认罪认罚的含义，明确犯罪嫌疑人、被告人自愿承认犯罪事实，愿意接受处罚的，可以依法从宽处理。对于从宽处理应从实体和程序两方面来理解。根据法律规定，值班律师的职责主要是向被追诉人阐释认罪认罚的法律后果、认罪认罚案件事实依据的查明、被追诉人对于认罪认罚的自愿性审查以及对于从宽量刑问题的协商。值班律师应对上述内容进行审查，以此来保障被追诉人的权利，进而达到保障人权的目的。

第一，审查认罪认罚案件的事实依据。准确、及时查明犯罪事实，是正确适用法律的前提②。认罪认罚必须要有事实依据，这是避免冤假错案的必要条件。在处理认罪认罚案件时，要严格审查，只有在事实清楚，证据确实充分的情况下，才能有效避免并没有实施犯罪的人或依法不受刑事追究的人出于某种考虑或原因而虚假认罪认罚。值班律师必须承担起审查职责，维护犯罪嫌疑人和被告人的合法权益，通过阅卷、

① 黄斌、李辉东：《英国法律援助制度改革及其借鉴意义——以〈1999 年接近正义法〉为中心》，载《诉讼法论丛》，法律出版社 2005 年版，第 253 页。
② 汪海燕、董林涛：《机遇与挑战：网络舆情对我国刑事司法的影响及应对》，载《中共浙江省委党校学报》2014 年第 6 期，第 22-28 页。

会见犯罪嫌疑人、被告人的方式对犯罪嫌疑人、被告人认罪的事实及主要证据进行核实，以确保犯罪嫌疑人、被告人认罪认罚确有事实依据。

第二，值班律师向被追诉人阐释认罪认罚的后果，保证其所作的认罪认罚的自愿性。《认罪认罚意见》第 5 条明确规定了认罪认罚从宽制度贯穿刑事诉讼的各个阶段。在刑事诉讼的侦查阶段、起诉阶段、审判阶段，对于值班律师都有不同要求。在侦查阶段，值班律师不仅要向犯罪嫌疑人阐释认罪认罚从宽的法律意义及法律后果，更要查明犯罪嫌疑人是否遭受刑讯逼供。案件进入起诉阶段，值班律师的职责是查明检察院是否存在强迫被追诉人认罪认罚的情况。案件进入审判阶段，值班律师主要是保证人民法院告知被告人的诉讼权利义务和履行认罪认罚自愿性审查。

第三，被追诉人在认罪认罚后，对于量刑问题的协商成为值班律师的职责。值班律师要积极与检察机关协商，努力为被追诉人争取从宽处理。

第四节　值班律师权力支持不充分

一、值班律师激励机制激励作用不足

目前，在精神激励方面，《法律援助值班律师工作办法》

的规定较为完善，但是实践中仍存在值班律师工作积极性不高的现象。例如，在认罪认罚案件中，一些值班律师对被追诉人的法律帮助更像是走过场；在与检察机关进行认罪认罚从宽的量刑协商时，一些值班律师提不出具有建设性的量刑意见，只是充当见证人和认罪认罚自愿性、合法性和合理性的背书者。出现这些情况，一个重要原因是，在值班律师的激励机制中，物质补贴整体较低而且没有分层。

1. 值班律师的物质补贴较低

不同的律师收费制度对律师提供专业服务的努力程度产生不同的激励作用，也会间接影响诉讼结果，值班律师同样如此。目前，对于值班律师的补贴并没有统一标准，各地补贴情况不同。经济发展水平排在全国前列的浙江省宁波市的值班律师的补贴为 150 元/半天①，而浙江省律师服务收费标准中，代理刑事案件在侦查阶段为 1500-8000 元/件，在审查起诉阶段为 1500-10000 元/件，在一审审判阶段为 2500-25000 元/件②。与值班律师的个人代理费用相比，参与法律援助的报酬要低很多。笔者认为，法律援助是公益事业，法律援助的责任主体是政府，虽然值班律师也有法律援助的义务，但是不能期望值班律师在花费很多时间、很多精力从事收益

---

① 《2020 年第二季度法律帮助值班补贴发放汇总表》，http://www.nbyz.gov.cn/art/2020/7/3/art_1229117764_1380206.html.2021。

② 《浙江省律师服务收费标准》，http://sft.z〔J〕.gov.cn/art/2011/6/10/art_1229107411_440615.html。

极低的法律帮助的同时，还要求其能够保持积极主动、认真负责的态度为被追诉人提供法律帮助。不应将过多的压力和责任交予值班律师承担，而应该将更多的责任交由政府承担。

2. 值班律师的物质补贴没有分层

目前，对于值班律师的物质补贴采取的是一刀切的方式，在普通法律帮助案件中，处理案件数量多的值班律师与处理案件少的值班律师虽然工作量不同、案件难易程度不同，但是一天的补助是固定的，不会根据值班律师的记录，按照案件的难易、数量分发补贴。在认罪认罚案件中，处理复杂、消耗时间长的案件的值班律师和处理简单案件的值班律师得到的物质补贴均按照值班天数计算，更不会根据值班律师的业务水平分配案件，不会给服务质量更高的值班律师更高的物质补贴，因此很多资历较深的值班律师便将值班的任务交由实习律师完成，法律帮助的效果大打折扣。

3. 缺乏对值班律师权利的保障

值班律师的权利与义务具有一致性，不能只强调值班律师的义务而忽视对值班律师权利的保障，只有充分保障值班律师的权利，才能更好地激发值班律师的工作动力。2021年3月8日，时任最高人民检察院检察长张军在《最高人民检察院工作报告》中提到，"保障律师依法执业，就是保护当事人合法权益。监督纠正执法司法机关阻碍律师行使诉讼权利958

件，同比上升 30.5%"①。由此可知，在实践中，司法机关存在阻碍律师行使诉讼权利的现象。根据《法律援助值班律师工作办法》，法律援助机构应当建立值班律师服务质量考核评估制度，而值班律师在认罪认罚案件中准确的法律解答、程序建议、量刑建议等均有赖于会见权和阅卷权的有效落实、与检察机关良好的量刑协商、被追诉人的积极配合。可见，值班律师高效率地完成法律帮助，并非其一人尽职尽责即可，而是需要被追诉人、公安机关、检察机关和法院与值班律师积极配合，故不能只关注值班律师严密的考核制度和惩罚制度，更应该关注值班律师在法律帮助时的权利是否得到保障，在权利得不到保障时，是否有申诉机制维护值班律师的相关权利。因此，应当赋予值班律师在其会见权和阅卷权等相关权利受到阻碍时的申诉权利，这样也能更好地推动值班律师阅卷权、会见权等权利的落实，激发值班律师的工作动力，推动法律帮助的高效发展和认罪认罚制度的良好运行。

二、值班律师约束机制中被追诉人权利保护缺位

《法律援助值班律师工作办法》对值班律师约束机制的规定已经较为完善，但是还有应当加强的地方，如缺乏被追诉人的申诉机制与服务反馈机制。

---

① 《最高人民检察院工作报告》，载《人民日报》2021 年 3 月 16 日，第 3 版。

1. 被追诉人应该有监督值班律师的权利

值班律师提供法律帮助的法律后果承担者是被追诉人。如在认罪认罚案件中，被追诉人是否得到了准确的量刑建议，是否理解认罪认罚的后果、是否真实自愿签署认罪认罚具结书等，均有赖于值班律师的认真负责，被追诉人作为法律帮助的对象和法律后果的承担者，对值班律师的工作是有评价和监督权利的。

2. 一些值班律师存在懈怠和逃避的情况

据某市某区数据统计，在143件认罪认罚案件中，协商一次即达成合意的案件142件，占比99.3%；协商两次达成合意的案件1件，占比0.7%；无协商三次以上达成合意的情况①。这表明值班律师在认罪认罚案件的量刑协商中，很少提出新的量刑情节，而主要依据检察官的量刑建议发表量刑意见。在实践中，还存在"老律师报名、实习律师顶包"的现象。因为一些资深律师往往案源丰富、收入水平高，自己的业务按小时收费，并不愿意花费过多的时间投入到值班律师工作中，因此将任务交给空余时间多、需要实践办案锻炼的实习律师，这是对被追诉人极大的不负责任，侵犯了被追诉人的合法利益。根据《法律援助法》，对于被追诉人的权利保障仅限于了解法律援助事项办理情况，有证据证明法律援助人员不依法履行职责时，向法律援助机构投诉的权利和请求更换

---

① 郝思扬：《刑事法律援助值班律师制度研究》，山西大学2018年硕士论文。

法律援助人员的权利，而这对于被追诉人的权利保护是不够的。在法律帮助记录中，没有被追诉人的服务反馈机制，在对值班律师的服务态度、服务质量的监督中没有被追诉人的申诉机制。

综上所述，在约束机制中，法律帮助的对象也即法律责任的承担者——被追诉人，在值班律师的约束机制中是缺位的。建立被追诉人的申诉机制和服务反馈机制，赋予其向法律援助机构的申诉权利和反馈值班律师服务的权利是有必要的。

第五节　值班律师管理机制重叠性

一、司法行政机关与律师协会管理界限不明

按照现行律师管理体制，司法行政机关的管理权限主要包括：制定律师管理的有关规章；授予律师资格、颁发律师执业证书；批准设立律师事务所和律师事务所分所；对违反《律师法》的行为进行行政处罚；对律师、律师事务所的年检注册登记以及对律师机构的组建及思想政治等方面进行管理。律师协会则根据《中华全国律师协会章程》进行自我管理。从而形成"两结合"律师管理体制。

目前，司法行政机关的职能定位为承担管理监狱劳动改

造工作、培养法律人才、培养在职干部、律师工作、公证工作、法制宣传工作、指导人民调解委员会工作、开展司法外事和其他司法行政事宜等。由此可见，司法行政机关一直承担着律师管理这一职能。尽管随着政治经济体制改革的深化，国家意识到了律师行业管理的重要性，成立了律师协会，但司法行政机关承担管理主责的机制未变，律师协会发挥的作用仍十分有限。

二、缺乏统一机构对值班律师队伍进行专门管理

目前，我国没有一个专门的机构去管理值班律师队伍，仅仅是依靠法律援助机构来安排值班律师在司法机关轮换值班，值班律师与法律援助律师具有重叠性，极有可能在进行工作时产生身份重叠和混乱。律师事务所、基层法律服务所应当支持和保障本所律师、基层法律服务工作者履行法律援助义务，由此，值班律师工作对于值班律师来说也是一种义务，因此在报酬上也就相对低廉。在重庆试点中，值班律师的选任，一种是在原有的法律援助机构，根据自己意愿主动报名参与；另一种是由律师事务所指派律师排班。值班律师队伍大多由经验不足、刚从业的律师组成，因为经验丰富的律师手头案件繁多，值班律师报酬不高不足以吸引他们。阅卷权和会见权的缺失使得值班律师的参与失去了应有的价值，对案件详情不了解也就无从下手。我们可以看到各个试点在

推行值班律师制度时都存在一些问题①。

值班律师制度的试点工作最早于 2006 年在河南省焦作市修武县开展，比较重视对值班律师的选拔任命，将专业性较强、经验较丰富的律师编制在值班律师名册内，打造优质的律师团队。随着司法改革的深化，在随后的杭州试点中，要求在侦查阶段，犯罪嫌疑人需要帮助时援助机构应及时派遣值班律师，在看守所指定时间内会见犯罪嫌疑人，如果律师有异议则应告知公安机关相关法律意见。审查起诉阶段，在值班律师经费方面，值班律师参与一个案件可获 1000 元左右报酬，使得值班律师的付出与所获得的报酬不成正比，很容易造成值班律师对工作抱有消极的态度。

1. 值班律师轮换机制受限

在公安机关侦查阶段和检察机关审查起诉阶段，值班律师工作以轮换制为主，每位值班律师提供法律帮助的时间都是有限的，而案件的数量和难易程度并不确定，导致值班律师在面对复杂案件时很难有充分的时间进行阅卷和会见。比如，对于非法吸收存款案件、电信诈骗案件，被追诉人人数多、卷宗多，而值班律师工作时间有限，很难详细了解案情并对案件处理提出实质性意见，需要与检察官沟通才能了解清楚，这无疑给值班律师真实客观了解案情增加了难度。本应该是被追诉人的法律帮助者和权利保障人的值班律师，很

---

① 顾永忠：《追根溯源：再论值班律师的应然定位》，载《法学杂志》2018 年第 9 期，第 13 页。

容易单纯变成认罪认罚合法性和自愿性的见证者①。

2. 值班律师选任方式单一

值班律师选任方式单一，是指采取简单一刀切的方式选拔值班律师，不能适应复杂的现实情况。我国各地的经济发展程度不同，值班律师的主要来源——律师，地区分布不均衡，律师群体本身良莠不齐，不能将所有律师不加筛选地纳入值班律师库，因此不能用简单的选任方式去应对复杂的实际情况。

实践中，一方面，如果值班律师仅在本地选任，由于有些地方值班律师资源丰富而有些地方值班律师资源短缺，如中西部地区，仅仅依靠本地值班律师资源很难实现值班律师全覆盖。虽然《法律援助值班律师工作办法》中提到可以在省、市范围内调配值班律师资源，但是实践中值班律师资源短缺现象仍然存在，因此应当建立值班律师跨区域服务机制，通过制度对值班律师全覆盖进行保障②。另一方面，值班律师由法律援助机构指定的律所事务所的律师轮流值班，或者根据报名情况确定值班律师库，对于值班律师没有业务水平和办案经验的考查，因此导致值班律师的水平参差不齐，既有老律师也有新律师，既有优秀的律师也有水平不高的律师。

---

① 陈杰：《值班律师制度研究》，中国人民公安大学出版社 2017 年版，第 5-6 页。

② 孔超、刘畅：《论我国值班律师制度的运行现状与完善路径》，载《中国司法》2018 年第 6 期，第 87-93 页。

经验丰富的律师对案件上手快，往往能抓住案情关键，交流沟通能力较强、对程序十分熟悉，能够更好地维护被追诉人的利益；而新人律师大多缺乏经验，无法胜任值班律师的工作，他们对于复杂的案件往往心有余而力不足，甚至无法获得被追诉人的信任。而将涉及被追诉人人身自由的案件交给缺乏经验的新人律师或者业务水平较差的律师负责，不利于被追诉人的合法利益的维护。因此，扩大值班律师的选拔范围，建立更完善、更具体的值班律师选拔机制，能够更好地为被追诉人提供优质的法律帮助。

第六节　值班律师监督机制乏力性

在对值班律师的监督方面，实践中法律援助机构作为管理机构应当采取的监督措施目前尚无具体可操作的规定，难以做到有效审查，无法有效监督值班律师的服务质量。目前我国值班律师制度还缺少配套的激励机制。激励机制包括值班律师的奖励和惩罚机制，其作为值班律师制度的配套保障机制，在保障值班律师制度有效运行中的作用不容忽视。奖惩机制可对有限的经费进行最大化利用，缺少奖励机制无法有效激发值班律师队伍的积极性，无法吸引更多的律师自愿加入值班律师队伍，缺少惩罚机制容易助长值班律师工作的消极性。

我国值班律师制度写入《刑事诉讼法》时间较短，值班律师制度运行的细则尚未完善，还没有成立专门的监管机构来对值班律师的工作质量进行监督，也没有建立一套完善的评价机制对值班律师的服务进行评价。首先，在我国现行法律规定中，值班律师不具有辩护人身份，不符合《刑法》第306条犯罪主体构成要件，成为游离在此法条之外的一个群体，可能导致在某些案件中受到被追诉人及其家人的贿赂，存在值班律师销毁不利证据的可能，对刑事诉讼活动产生重大影响。其次，值班律师工作的场所是法院、检察院、看守所等机关，但是值班律师本身不属于这些机关的工作人员，如果出现工作效率低、工作质量差等情况，即便司法机关的工作人员知晓也无从管理，且我国没有建立被追诉人对值班律师的评价机制，所以从制度层面上来讲，值班律师是没有接受有效监督的一个群体①。

从值班律师在认罪认罚案件中发挥的作用来看，值班律师的角色定位或者说应然定位应是"监督员"，并且是起到担保作用的"监督员"，即值班律师实际上起到的是监督和担保作用，既对认罪认罚的过程进行监督，又对认罪认罚结果的有效性进行监督，同时也对认罪认罚的结果起实质且有效的

---

① 姚莉：《认罪认罚程序中值班律师的角色与功能》，载《法商研究》2017年第6期，第42页。

担保作用①。从值班律师制度本身及《法律援助值班律师工作办法》的规定来看，值班律师理应包含的权能包括提供法律帮助、提出意见和建议、辩护等实质性的属于辩护律师应有的权能，因此笔者认为，在有效衔接后其也当然享有辩护律师同等的权利，再结合值班律师介入认罪认罚过程中也确实可以起到见证的作用，所以前述理论界争议的定位问题，应该均属于值班律师身份定位问题的一个侧面，究其本质，值班律师实际上是在履行监督和担保职责，其应然定位是"担保人"和"监督员"较为适宜。

在值班律师制度完善过程中，其权利保障和权力监督可谓同等重要。原因之一在于切实保障被告人、犯罪嫌疑人的诉讼权利，这是法治化过程中公平正义的体现和要求。原因之二在于避免司法资源的浪费。如果值班律师不能正确且有效发挥法律援助功能，则会造成司法资源的浪费，不利于值班律师制度的良性发展。原因之三在于提升值班律师整体信赖度。值班律师履行职务过程中与被追诉人直接接触，应当秉持司法公正理念，避免出现执业不端行为。值班律师发挥部分辩护律师的功能，向被追诉人提供法律援助，这在我国进行的以审判为中心的诉讼体制改革之中，形成与控诉方对立的局面，且与审理机关的居中裁判相比，更加倾向于为被

---

① 孙莹莹：《认罪认罚从宽制度下值班律师问题研究》，青岛大学 2020 年硕士论文。

追诉人的利益最大化而服务。对值班律师的监督，最重要的是平衡法律援助的私密性和值班律师制度的公开性。法律援助的私密性，是指值班律师提供法律咨询时不受监督，咨询内容对外保密。值班律师制度的公开性，是指值班律师应当遵守人员管理、考核测评、随机检查、回访监督等管理性规定，并由有权机关对执业不端行为予以惩处。因此，加强对值班律师队伍的监督，严惩执业不端行为，有利于营造值得信赖、受人尊重的法律援助氛围，提升值班律师整体的社会地位①。

在法律援助制度中，保证被追诉人得到有效辩护的重要性不言而喻，这是被追诉人获得国家救济，对抗公诉机关的重要途径。而被追诉人在庭审阶段前获得法律帮助的权利一样重要，向值班律师申请帮助，根据值班律师的法律建议申请法律援助、权衡量刑建议选择认罪认罚程序等，对于被追诉人而言能够决定所面临的刑事诉讼程序是否出现转机。但由于值班律师接待案件数量大，并且对于被追诉人只是阶段性的帮助，难以赋予律师较强的个案责任感，所以应当建立值班律师制度的监管机制。同时，关于值班律师的胜任资质，也需要进一步明确。值班律师补偿较少，并且不能以辩护人的角色出庭进行诉讼，可以预见，对于精英律师而言，参与值班律师制度更像是一种负担。也正因为如此，一些新手律

---

① 侯东亮、李燕飞：《浅谈值班律师的定位与发展》，载《国家检察官学院学报》2018 年第 11 期，第 143 页。

师或者业务能力不强的律师更愿意担任值班律师，由此导致值班律师整体水平不高，是否能为被追诉人提供实质性的帮助存疑①。对于传统的法律援助辩护律师而言，确定服务质量考核标准相对较容易，如是否进行会见，是否进行最基本的调查，在庭审上的表现是否"走过场"，发表的辩护意见是否属于无效辩护等。但对于值班律师，很难确定其是否存在怠于履职的行为。值班律师的帮助是阶段性的，短则几分钟，长则几小时，可能一个被追诉人几次会见的值班律师并非同一人。一个值班律师的建议对案件终局产生多大的影响也很难界定。所以，值班律师在受理被追诉人的咨询时是否尽职，缺乏明确的判断标准。

---

① 顾永忠、李逍遥：《论我国值班律师的应然定位》，载《湖南科技大学学报》2017年第4期，第77页。

第五章

值班律师实质有效参与的制度变革

第一节 完善值班律师的权利保障机制

一、值班律师权利设定的周延性

一般来说，周延性既是一个逻辑学概念，也是一个法律概念。从逻辑学上说，周延性是用于描述一个命题中对主项的全部外延的反映情况。相应地，在法律上，法律制度是人们主观思维的结果，就不可避免地会有人类内心主观活动的印记，认识社会生活中各方面的利益关系是法律创制的必要前提，也是我们行使权利的前提。如果一种权利的全部外延有反映，那么这个权利就是周延的，否则就是不周延的。但是，立法者或出于自身阶级利益的考虑，或对时代变化的认识存在不足，所制定的法律或多或少会受到影响，即不能完全理智客观地制定法律，影响到法律对人们权利义务的分配，进而影响到人们行使法律上的权利，也会影响到值班律师对于权利的行使。

　　所谓法律的不周延性，是指应受法律调整的社会关系没有能够完全被法律所调整。不周延性是法律在认识方面表现出的量的局限，法律的不周延性使得人们只能在理性分析的基础上建立一个完善的、良好的法律体系。只有当值班律师的法律周延性比较严密时，才能使值班律师更好地行使相应的权利，避免在实施的过程中出现更大的争议和纠纷，发挥值班律师的作用。

　　我们要在根源上保障值班律师的合法权利，就要从立法上来解决，只有规定了硬性的法律制度来保障值班律师的权利，才能避免在权利行使时出现不必要的障碍，才能够让值班律师在行使权利时有底气。

　　根据我国立法精神与不断变化的时代发展要求，今后我国在《宪法》和《刑事诉讼法》中应当明确值班律师所享有的权利，为值班律师行使权利提供合法的法律来源，能够切实保障值班律师行使权利。

　　第一，明确值班律师享有辩护权。一般情况下，辩护人的辩护意见不等于被告人的意见，二者是独立的，也就是说律师可以据此提出自己的意见，并不会受被追诉人意见的限制。1996年《刑事诉讼法》规定，律师只有在审查起诉阶段，才可以凭借其辩护人的身份进行法律上的辩护，而2012年《刑事诉讼法》规定，在侦查阶段律师也具有辩护人的身份，那么根据值班律师的法律帮助属性，我国值班律师也应该同律师一样拥有相应的辩护权，有权为所提供法律帮助的当事人进行辩护，有权提出自己对于刑事案件的辩护意见。

第二，关于律师如何行使调查取证的权利，在我国《律师法》和《刑事诉讼法》中均有详细具体的规定。在《律师法》中规定了律师的调查取证权，目的是加强对辩方权能的保障。2018 年《刑事诉讼法》规定犯罪嫌疑人可以在侦查阶段委托律师作为自己的辩护人，扩大了辩护人调查取证权利的范围。认罪认罚案件中辩护由对抗趋于协商，整体呈现了理念上的变革，但是也要更充分地赋予值班律师行使调查取证权利，让值班律师深入实践，更充分地了解案情。值班律师可以选择到办案机关查看证据，也可以在自行调查取证中行使调查取证权，进而在辩护的环节为当事人提供更好的辩护。值班律师在开展调查活动时必须实事求是，忠于事实真相，绝不能帮助当事人隐匿、毁灭、伪造证据或者串供，不得威胁、引诱证人改变证言或者作伪证以及进行干扰司法机关诉讼活动的行为。

第三，明确值班律师享有获得通知的权利。快速有效维护值班律师的权利，对于充分发挥值班律师的作用，为当事人提供更详尽的法律帮助，促进司法活动顺利进行，保障司法精准性和公正性具有重要意义。作为值班律师有权知道他所帮助过的当事人是否采纳其所提出的法律建议，这有助于值班律师与当事人之间的沟通与协调，有利于提高值班律师的积极性。

二、值班律师权利的来源与构造

纵观我国值班律师的发展历程，从 2016 年《认罪认罚试点办法》规定了"有效法律帮助"的概念，到 2018 年《刑事诉讼法》以法律形式正式确立了值班律师制度，再到 2020 年《法律援助值班律师工作办法》中对值班律师制度作出了更多积极、翔实的规定，明确了值班律师所享有的会见权、阅卷权等。值班律师制度是伴随着认罪认罚从宽制度的不断完善而不断发展的，符合法律发展规律。

虽然值班律师所享有的权利在《刑事诉讼法》及其他相关法律上均未明确表示，但是法律规定司法机关以提供相应便利的形式来保障值班律师正当地行使权利。要明确值班律师的权利并非只有约见权，对于值班律师所享有的其他权利，可以通过体系解释对其界限加以明确。值班律师权利体系的完善，需要区分立法和司法解释两个不同方面。具体而言，一方面，需要通过立法来确定《刑事诉讼法》尚未规定的值班律师权利；另一方面，需要通过司法解释确定、释明《刑事诉讼法》已规定但未明确的值班律师权利。因此，需要进一步明确何种权利可以通过司法解释加以明确、何种权利必须通过立法才能加以确立。

对值班律师的权利，可以从其权利属性与刑事诉讼构造两个方面加以认识：

第一，律师辩护权的权利来源是被追诉人的辩护权，是由被追诉人的辩护权所衍生出来的，据此值班律师辩护权的权利来源也是被追诉人的辩护权。面对国家机关的追诉，被追诉人和被追诉人所委托的律师都可以进行辩护，二者权利独立行使，并不冲突，而且在被追诉人无力负担律师费用时还享有由国家提供免费刑事司法援助的权利。值班律师制度与辩护制度一样，都是为保障被追诉人的权益而诞生的制度，所以无论是值班律师还是辩护律师，他们所提供的辩护上的帮助，都来源于被追诉人的辩护权。

第二，值班律师当前所享有的权利在法律上没有特别明确的规定。要实现控辩平等，既需要在不突破现有法律框架的情况下尽可能地明确、扩大值班律师的权利范围，又需要保障其权利的行使与对应的辩护律师权利具有程度的相当性。

第二节　完善值班律师的权力支持机制

2006 年 7 月，我国司法部经研究决定在国内开展法律援助值班律师的试验点，河南省积极响应、率先开展，当即组建相关团队，成立法律值班律师试验点，为犯罪嫌疑人、被告人等提供法律援助。在随后的一年里，河南省司法厅共在全省范围设立了 20 多个示范点，由试验田逐步向全国推广。截至 2020 年，我国建立的看守所法律援助工作站已经超过2000 个，覆盖率接近 90%；我国建立的人民法院援助站已经超过 1700 个；部分省、直辖市、自治区在看守所和人民法院建立的援助站则实现了百分之百全覆盖。

一、制度改革为其奠定基础

2016 年的《认罪认罚试点办法》规定，值班律师的主要工作对象为可能被判处三年有期徒刑以下的被告人，工作内容是为被告人提供法律咨询、程序选择咨询、申请变更强制措施等。因此，一方面，值班律师制度的高速发展是伴随着认罪认罚制度的推进而推进的；另一方面，值班律师的存在也为认罪认罚案件中律师辩护的缺失提供了有益补充。2020年，泾阳县人民检察院公布 1-8 月认罚从宽制度适用率为91.96%，相比前一年增加 50.22%，量刑建议采纳率为 100%，相比前一年增长 3.3%[①]。随着认罪认罚制度的推广，人们法律意识的增强，值班律师制度满足了被追诉人对于法律帮助上的需求，这也就加大了值班律师的需求量。当然，我们要明确值班律师制度的存在不仅仅是为认罪认罚服务的，这一制度还在其他方面发挥着重要的作用。在此基础上，2020 年发布的《法律援助值班律师工作办法》更加详细地规定了值班律师工作职责、工作内容等，值班律师工作规范化、制度化进程取得新的进展。

---

① 泾阳县人民检察院：《泾阳县人民检察院向县人大常委会专题报告认罪认罚从宽制度落实情况》，http：//www.sn.［J］cy.gov.cn/xys［J］yx/［J］w［D］t/202010/t20201029_195952.html。

在速裁程序和认罪认罚制度下，值班律师制度的发展赶上了好时机。2018 年 5 月，广东省出台了《关于开展刑事案件律师辩护全覆盖工作的实施办法（试行）》，标志着刑事案件律师辩护工作在广东省全面展开，广东省也是我国第一个实现全省范围内的三级法院都得到刑事案件律师辩护全覆盖的地区。① 在各省市的大力推动下，值班律师制度迎来发展的高峰期，认罪认罚制度为其发展提供了动力支持，大力促进了值班律师制度的发展。②

二、法律修订为其明确地位

直到 1996 年《刑事诉讼法》的修订，在侦查阶段律师提供的法律帮助才视为字面意义上的法律帮助；2012 年《刑事诉讼法》正式确立了在侦查阶段律师享有辩护人的辩护地位；2018 年《刑事诉讼法》在"辩护与代理"一章中将值班律师写入其中。根据立法精神，可以将值班律师归属于辩方诉讼角色，实际承担辩护的诉讼职能，但目前并不能完全等同于辩护人，而值班律师作为一种新制度，还存在许多不足和待完善的地方。如果值班律师定位模糊，那必然会导致其职责的模糊，久而久之，这项制度的设置目的就无法实现，其功

---

① 广东省司法厅：《关于开展刑事案件律师辩护全覆盖工作的实施办法（试行）》，http://sft. g［D］. gov. cn/sfw/hu［D］ong/myz［J］/content/post _ 1134383. html。

② 吴小军：《我国值班律师制度的功能及其展开——以认罪认罚从宽制度为视角》，载《法律适用》2017 年第 11 期，第 108–114 页。

能作用也无法最大程度地发挥，因此明确值班律师的定位就显得尤为重要。我国法律明确规定值班律师不能出庭辩护，值班律师的职能就是为犯罪嫌疑人、被告人提供一次性、一站式、分阶段的"法律帮助"，这也间接表明值班律师与辩护律师在本质上还是有较大的区别，将值班律师的角色确定为"辩护人"不妥。我们可以把值班律师的角色定位为"承担部分辩护职能的法律帮助者"，在诉讼过程中享有部分辩护职能，并且随着诉讼阶段的变化可以根据现实情况赋予其相应的诉讼权利，这样既能发挥值班律师的作用，也能对被追诉人的辩护权起辅助和保障作用。

我们应明确值班律师的角色定位，值班律师的定位问题是构建值班律师制度的前提和基础，是研究值班律师制度需要首先解决的理论问题[①]。值班律师的定位不是单纯的学术问题，而是关于值班律师制度的定性、发展的根本问题，是与我国刑事辩护制度发展完善直接相关的重要问题[②]。因此，对我国值班律师的角色定位应该从立法创设值班律师制度的目的出发，结合值班律师制度的发展历程以及具体实践，可以认为值班律师制度从属于法律援助制度，值班律师是一种特殊的法律援助律师。具体而言，在刑事诉讼领域，我国的值

---

① 谭世贵、赖建平：《刑事诉讼制度改革背景下值班律师制度的构建研讨会综述》，载《中国司法》2017 年第 9 期，第 6 页。

② 顾永忠：《追根溯源：再论值班律师的应然定位》，载《法学杂志》2018 年第 9 期，第 13 页。

班律师制度应坚持提供辩护前法律帮助的"初心"，以提供法律帮助填补辩护律师提供辩护前的空当期为主要职责，进而与传统的法律援助辩护律师和委托辩护律师形成刑事案件律师辩护全覆盖①。将值班律师定位为特殊法律援助律师的依据主要有：

（一）值班律师制度发源于法律援助制度

自 2006 年司法部《关于法律援助事业"十一五"时期发展规划》提出"探索值班律师制度"以来，到党中央、国务院以及最高人民法院、最高人民检察院等下发的规范性文件，直至党中央所部署的新一轮司法体制改革的全面推进，值班律师制度才通过立法的形式得以正式确立。我国最早设立值班律师制度是为了完善法律援助制度、提升法律援助服务能力，党的十八大以后，新一轮司法体制改革产生刑事案件速裁程序和认罪认罚从宽制度促使值班律师制度的正式确立，导致外界产生了值班律师制度归于认罪认罚从宽制度的错觉。以审判为中心的刑事诉讼制度改革以及刑事案件律师辩护全覆盖等相关文件的出台，进一步明确了值班律师的权利和职责，厘清了值班律师制度与认罪认罚从宽制度的关系，为值班律师制度回归法律援助的制度范畴奠定了基础。

---

① 詹建红：《刑事案件律师辩护何以全覆盖》，载《法学论坛》2019 年第 4 期，第 21 页。

（二） 值班律师制度从属于法律援助制度

我国法律援助制度作为实现社会正义和司法公正、保障公民基本权利的国家行为，在国家的司法体系中占有十分重要的地位。但是，由于我国当前司法资源地区间不平衡，总体较为匮乏，因此在司法改革中，改革者既想通过建立值班律师制度解决刑事法律援助在援助时间、援助对象方面的不足问题，也意图通过值班律师向所有公民提供及时、便利的法律帮助，以提高我国的法律援助工作水平。自我国值班律师制度试行至今，值班律师提供法律帮助的案件范围并没有明确限定，而且在实践中，值班律师不仅在刑事案件领域为犯罪嫌疑人、被告人提供法律帮助，在非刑事案件中也发挥着重大作用。以青海省为例，2017 年，青海全省值班律师解答咨询 7136 人次，涉及犯罪嫌疑人、被告人的 913 人次，占比 12.79％；转交法律援助申请的 801 件，涉及犯罪嫌疑人、被告人的 511 件，占比 63.8％[1]。因此，我国值班律师实践中提供法律帮助对象的不确定性以及案件范围的广泛性，进一步说明了值班律师制度是我国法律援助制度不可或缺的重要组成部分。

---

① 于瑞荣：《值班律师制度——打通法律援助"最后一公里"》，载《青海日报》2018 年 10 月 28 日，第 2 版。

(三) 值班律师的功能决定其应为特殊法律援助律师

值班律师制度起源于英国, 之后其他西方发达国家诸如加拿大、日本、澳大利亚等也都建立了此项制度。而国外建立值班律师制度的内在动因在于完善法律援助制度, 实现法律帮助的全覆盖, 弥补刑事诉讼中犯罪嫌疑人、被告人在未能委托辩护律师期间, 没有律师为其提供法律帮助的空白。由此可见, 值班律师制度与法律援助律师本质上都不是犯罪嫌疑人、被告人自行委托的律师, 而是由法律援助机构为其提供的免费法律帮助, 本身具有被动性。另外, 我国实践中的值班律师除为被追诉人提供法律咨询、程序选择建议、对案件处理提出意见外, 还参与认罪认罚案件中的具结书签署过程, 享有的"广泛的"权利容易使外界误将值班律师与辩护律师等同。而如果将值班律师定位为辩护人的话, 可能会产生诱发值班律师及律师事务所违规执业、损害值班律师的制度价值等风险, 并且我国司法资源也无法提供充足的保障。因此, 无论从制度设计方面还是权利设定角度, 我国值班律师都应定位为特殊的法律援助律师。

三、法律援助促进其发展

回顾我国值班律师制度自 2006 年在河南开展试点, 后在全国范围内全面确立的发展过程, 法律援助制度功不可没。

值班律师试点工作的目的是为当事人提供免费便捷的法

律咨询与帮助，解决我国法律援助制度过于单薄的问题，因此，各地试点工作都是由司法部门倡导进行的。随后，在深化司法体制改革的大背景下，随着刑事案件中速裁程序和认罪认罚从宽制度的实行，进一步推动了值班律师制度的确立和发展。但是，由于值班律师制度与二者不论是时间上还是空间上联系都非常紧密，也让人产生了一种错误认识，即值班律师制度就是为了认罪认罚从宽制度的发展而建立的。鉴于此种情况，自2014年以来，国家针对刑事案件的速裁程序、认罪认罚从宽等工作陆续出台了很多文件规定，明确了值班律师的权利和职责，特别明确了值班律师在认罪认罚案件中的职责，以及值班律师制度与认罪认罚从宽制度的关系，明确了二者虽然在法律目的上相同，但却决不可当成相应的附属品，这就为值班律师制度确定了最终的目的——法律援助。

在国家尊重和保障人权的大背景下，值班律师逐步等同于辩护人是符合时代发展规律的①，从国家权力对于值班律师责任规定来看，值班律师实质上就等同于辩护人的角色，值班律师的诉讼职责在《刑事诉讼法》中规定得较为粗疏，但是在《法律援助值班律师工作办法》中作了非常详细的规定，增强了指导性和可操作性②。

---

① 樊崇义：《值班律师制度的本土叙事：回顾、定位与完善》，载《法学杂志》2018年第9期，第1-12页。

② 潘金贵：《值班律师法律定位的名与实：基于〈法律援助值班律师工作办法〉的解读》，载《中国司法》2020年第10期，第83-85页。

四、优化程序确保其流畅运行

2016 年的《认罪认罚试点办法》规定，法律援助机构可以通过设立派驻值班律师、及时安排值班律师等形式在人民法院、看守所等地提供法律帮助。《法律援助法》第 14 条规定，法律援助机构可以在人民法院、人民检察院和看守所等场所派驻值班律师，依法为没有辩护人的犯罪嫌疑人、被告人提供法律援助。为了贯彻这一规定，人民法院、看守所应当为值班律师工作能够顺利开展提供工作场所、办公设施等，在程序上优化关于值班律师的会见程序，让值班律师在履行职责上更加简单方便，不必被繁杂的程序所拖累。2020 年 8 月 20 日发布的《法律援助值班律师工作办法》则是对值班律师的工作程序、工作保障等在已有的基础上作了更详尽的规划，使值班律师的工作流程更加规范、更为高效。值班律师制度属于法律援助制度的组成部分，应明确的是，被追诉人享有辩护的权利与获得法律帮助的权利分属不同的来源，被追诉人有权获得律师辩护来源于其自身所享有的辩护权，而获得法律帮助则源于国家有义务保障公民的法律帮助权，是实现辩护权的重要保障，刑事辩护与法律援助虽然相关，法律援助是实现刑事辩护的重要方式，但就制度本身而言，两者具有相互独立的叙事结构，在理论基础、权利来源、实现途径等方面均存在区别。

值班律师制度的建立可以及时帮助犯罪嫌疑人和被告人

解决法律上的疑问，保障他们的合法权益，使他们不会因不懂法律而平白遭受损失，保证他们的平等地位，有利于减少因缺乏法律知识导致的冤假错案，提高司法公信力与透明度，有利于维护社会的稳定。目前我国的值班律师制度还处于继续发展和完善的阶段，需要国家持续予以支持和重视，从而在国家层面进行完善，不断强化值班律师这一制度的价值，促进法治社会的有序发展①。

第三节　完善值班律师的管理机制

2019 年发布的《关于加快推进公共法律服务体系建设的意见》②和《关于适用认罪认罚从宽制度的指导意见》③，在国家治理体系和治理能力现代化层面将值班律师参与刑事案件认罪认罚提升到整体战略布局当中。而且将值班律师制度贯穿刑事诉讼中的每一个环节，贯穿每一刑事司法部门。所以，发挥值班律师的作用应是各个机关的共同责任，加强对值班律师的管理也是各个机关的题中应有之义。因为值班律

① 王迎龙：《值班律师制度的结构性分析——以"有权获得法律帮助"为理论线索》，载《内蒙古社会科学》2020 年第 5 期，第 98-106 页。
② 《司法部通气会解读〈关于加快推进公共法律服务体系建设的意见〉》，https://www.spp.gov.cn/z［D］gz/201907/t20190712_424829.shtml。
③ 司法部《关于适用认罪认罚从宽制度的指导意见》，http://www.mo［J］.gov.cn/pub/sfbgw［J］gsz/［J］gszzs［D］w/zs［D］wflyzzx/flyzzxzcxx/zcxxzcfg/zcf-ggzhsf［J］s/202102/t20210224_188776.html。

师与认罪认罚制度基本上同步产生，所以很多人误以为只有刑事案件的认罪认罚程序才有值班律师的介入，故造成在其他程序和阶段中值班律师的作用没有发挥出来。2020 年，在综合各方意见的基础上，《法律援助值班律师工作办法》出台，办法中对值班律师进行管理的规定，充分体现了国家司法机关对值班律师工作的高度重视。作为值班律师的管理主体，法律援助机构应充分、准确地理解刑事诉讼理念，树立值班律师作为刑事诉讼参与者的主体意识，强化保障犯罪嫌疑人、被告人获得有效法律帮助的职责意识，把值班律师法律帮助工作与优化司法资源配置联系起来，与提高刑事诉讼效率联系起来，与促进法治社会建设联系起来，为有针对性地开展管理提供指导①。

一、完善值班律师的工作机制

（一）建立坐班制与跟班制相结合的工作机制

坐班制是指值班律师轮流值班，每次值班时间固定。跟班制是指值班律师负责案件的整个流程，直到被追诉人签署认罪认罚具结书。坐班制可以随时为被追诉人提供及时性、应急性的法律帮助。但是，坐班制的每位值班律师工作时间有限，每位值班律师的值班时间只有一天甚至半天，无法应

---

① 曾亚：《认罪认罚从宽制度中参与主体之角色研究》，湖南大学 2018 年硕士论文。

对需要较多时间阅卷、会见当事人的案件，而跟班制则可以解决这一问题，跟班制值班律师有较为充足的时间了解案情，并且在案件的不同阶段持续稳定高效地为被追诉人提供法律帮助。因此，应当建立坐班制与跟班制相结合的值班律师运行机制。例如，江苏省海安市司法局在政法一体化执法办案中心设立法律援助工作站，安排值班律师入驻，对速裁类案件实行跟班制与坐班制相结合的运行机制。跟班制是由同一个值班律师为申请援助的被追诉人提供法律援助以及法律咨询，协助开展社会调查评估等工作，并进行同步录音录像，见证被控诉人签署认罪认罚具结书全过程，有效保障被追诉人合法权利①。

（二）建立值班律师跨区域服务机制

《法律援助值班律师工作办法》中提到，司法行政机关和法律援助机构可以在省、市范围内调配值班律师资源。因此，实践中建议司法行政机关牵头，积极搭建平台，建立值班律师跨区域服务机制，实现值班律师资源异地共享，使值班律师资源较为丰富地区的值班律师通过该平台对值班律师资源缺乏的地区提供法律帮助，共享方式包括实地和线上两种。例如，2020 年，四川省检察机关与司法行政机关针对四川省除少数经济较好的地区外很多地区律师资源分布不均问题积

---

① 赵晓倩、陆吟秋：《江苏海安：繁简分流助刑事办案提速增效》，https://www.spp.gov.cn/［D］f［J］c［D］t/202103/t20210310_511992.shtml.2021。

极搭建平台，实现值班律师资源异地共享。在广安市，市检
察院与市法院、公安局、国家安全局、司法局会签了《关于
广安市法律援助值班律师资源共享的意见》，实行广安市范围
内驻看守所的法律援助值班律师资源共享。① 另外，司法机关
可以充分利用信息化手段实现值班律师跨区域提供服务，如
采取视频、电话的方式提供跨区域法律帮助，以解决值班律
师短缺的问题。

二、完善值班律师的选拔机制

为使值班律师制度更好地发挥应有的作用，需要明确值
班律师准入门槛，笔者认为，应从以下方面进行综合考虑：
一是对执业时间进行限制，增加工作年限的要求。刑事诉讼
程序十分复杂，并且案件处理结果直接关系到当事人的自身
利益，这对律师的知识素养和实务经验提出更高的要求，对
值班律师的工作年限进行规定有利于保证律师队伍的素质，
保证办案质量。二是对职业道德进行考核，对值班律师的考
核不能仅注重专业知识能力而忽略职业道德，在值班律师准
入以及后期执业期间定期进行职业道德考核，将考核不合格
的律师排除在外，既有利于督促值班律师不断提高自身素质，
又保障了值班律师队伍的质量，从而更好地为当事人服务。

首先，扩大值班律师来源。值班律师不一定局限在现任

---

① 广安市人大常委会：《广安市人民检察院工作报告》，http：//www.gar［D].
gov.cn/huiyi/rm［D］b［D］h/5/6c/2020-05-19/3273.html。

律师之中，可以扩大值班律师来源。司法行政部门可以落实
《法律援助法》的规定，鼓励组织和个人参与到值班律师工作
当中来，如将退休的司法工作人员、法律工作者纳入值班律
师工作队伍中。退休的司法工作人员和法律工作者经验丰富，
口碑和能力有一定的保障，时间充裕，参与值班律师工作尤
其是参与跟班制案件有一定的优势。

其次，针对值班律师业务水平参差不齐的情况，建议由
律师协会和司法行政机关对律师进行筛选，最终选拔出经验
较为丰富、分布于各个领域的律师，列入值班律师库，在轮
班制中，分配专业能力较为全面的值班律师，在跟案制中，
视案件难易程度和领域按需分配值班律师人数，精准指派值
班律师，让专业更对口。

最后，加强值班律师的业务培训。对值班律师的培训工
作由检察官、法官、法学专家定期进行，对值班律师进行制
度、政策解读，并且建立检察官与值班律师的交流学习机制，
以提升值班律师的业务能力。

三、完善值班律师的激励机制

(一) 加大对值班律师资金上的投入

由于愿意在法律援助机构从事值班的人员本身就比较少，
而且在这些有限的人员中还有人需要同时在看守所、检察院、
法院当派驻律师，会存在时间上的重合，难以保证值班律师

在每个时刻都可以进行法律上的咨询帮助。一般来说，参与值班的律师较为年轻，工作经验少，在实操上还存在着不足之处，对于案件还处在摸索阶段，需要加以磨炼。而且刚刚执业的律师多数没有足够的经济支持，需要在付费的法律服务当中投入精力和时间来维持自身的生活。所以，他们在给被追诉人提供法律意见的时候，多数会拿援助案件进行练手，影响了工作效率，降低了诉讼水平。有的值班律师纯粹为了混个资历，很少甚至不向被追诉人提供法律上的建议，基本以检察机关的意见为主，不为被追诉人争取权利。河南省郑州市就规定了各区司法局要选派值班律师进行值班服务，要给予值班律师一定的费用补贴，但是在补贴金额和补贴方式上并不一致。例如，航空港区的值班律师补贴标准是每个案件 600 元，管城区的值班律师补贴标准则是按天计算，即每天 100 元，新郑市值班律师补贴标准则每年 10000 元，一次性计算。同一个城市内，对于值班律师的补贴标准都没有做到统一，这会影响值班律师的积极性和主动性[①]。按案件计算补贴标准的，会争取更多的案件；按天计算补贴标准的，则会不自觉地增加天数；一次性给付的则可能会拖沓推诿，因此有必要制定合理且公平的补贴标准，减少因补贴标准差异带来的问题。2019 年 1 月至 10 月，各地法律援助值班律师为犯罪嫌疑人、被告人解答咨询 16.7 万余人次，转交法律援助申请

[①] 张原、宋佳、任兵：《检察环节法律援助值班律师制度的保障落实》，载《中国检察官》2019 年第 11 期，第 74—77 页。

1.9万余件，在保障被追诉人合法权益、提高司法活动的透明度和效率、促进司法公正等方面发挥了重要作用。

虽然我国值班律师的待遇保障工作取得了一定进步，但仍存在经费保障不到位、缺乏律师资源的问题。虽然值班律师都有固定工资，但相比于其他行业，薪资和社会地位都是偏低的。在这种情况下，即使给予了值班律师阅卷权，其仍缺乏行使权利的动力。所以，应当提高值班律师的补贴标准，协调财政部门，明确值班律师的补贴标准范围；协调财政部，把值班律师补贴纳入中央补助地方法律援助办案专款支出。适当提高值班律师的待遇，可以保障其行使权利和工作的积极性。对于律师资源不充足、不均衡的问题，建议通过统筹跨区域调配律师资源、政府购买值班律师服务等方式，多渠道解决律师资源不足的问题。

加大对值班律师的资金投入，让值班律师的补贴处在一个合理的水平。宁夏回族自治区发布了《宁夏回族自治区法律援助案件质量评定及补贴管理办法》，明确规定了对于法律援助案件的补贴每人每天不低于200元的标准，明确规定了财政拨款的机关和所属单位，有效保障律师值班的补贴经费能够落到实处，极大地增加了值班律师参与的积极性①。

① 宁夏回族自治区司法厅：《宁夏回族自治区法律援助案件质量评定及补贴管理办法》，https：//sft. nx. gov. cn/［D］etail？ i［D］=318781594292781057。

（二）提高值班律师薪酬待遇

《法律援助法》第 12 条规定："县级以上人民政府司法行政部门应当设立法律援助机构。法律援助机构负责组织实施法律援助工作，受理、审查法律援助申请，指派律师、基层法律服务工作者、法律援助志愿者等法律援助人员提供法律援助，支付法律援助补贴。"

法律援助机构应当整体提升值班律师的物质补贴标准，杜绝"打白条"的情况。要综合案件难易程度、值班律师提供法律帮助工作量、法律帮助效果等多重因素，合理确定值班律师补贴的发放标准、发放方式，真正做到多劳多得、奖励勤勉。不应统一采用固定的发放标准，以避免在持续增加财政资金投入的同时，却未能起到尊重和肯定值班律师劳动成果、激励值班律师积极工作的作用。首先，提高值班律师参与认罪认罚案件的待遇。其次，在财政对法律援助投入资金不足的情况下，进一步探索筹集法律援助资金的方式。例如，设立法律援助基金，弥补中央财政对法律援助支持的不足。

四、完善值班律师的评估机制

（一）考核优化值班律师的评估方式

《法律援助值班律师工作办法》规定，法律援助机构要对值班律师法律帮助工作进行综合评估，值班律师应当记录下来其提供法律帮助的情况，然后按照规定通过台账或者卷宗的形式提交给法律援助机构，便于法律援助机构对值班律师的工作进行更全面系统的管理。法律援助机构应开展综合评估，区分不同案件中的不同情况，对于一般案件的咨询和办理认罪认罚案件中的咨询，给予不同形式的法律帮助，制定相应的考评标准，对于法律咨询事项，可以从值班律师介入的及时性、适用法律法规的准确性等方面进行考量。对业务量大的工作站要及时增派人力，对业务量持续偏低的工作站要及时了解原因。对于值班律师在办理认罪认罚案件过程中所形成的记录，要从是否完成了会见（咨询）、阅卷、具结书见证签字等规定动作，是否提出了有针对性的法律意见等方面全面考核法律帮助的有效性。在法律援助机构人力不足的情况下，考核评估工作可以引入第三方参与，特别是邀请学术界和实务界共同组成考评小组。法律援助机构还要善于运用考核评估结果开展监督和管理。一方面，可以结合考评结果，制定差额化的补贴标准。对被评定为优良的法律帮助，按法律援助律师办理相应程序案件给予补贴，对形式化的法律帮助，则要减少补贴。另一方面，法律援助机构可以向司法行政机关和律师协会通报值班律师履行职务情况，对履职出色的律师在评优评先、推荐资格方面给予倾斜，对履职不出色的律师，如果其已经违反职业道德和执业纪律，就要依法依规处理，以激励和监督值班律师团队正确履职。河南省司法机关联合其他部门出台了《河南省法律援助值班律师办公室（工作站）工作规定》①，规定法律援助机构应当建立在岗律师廉洁服务记录，定期向人民法院和看守所征求意见，将在岗律师的工作表现记入廉洁服务记录，并定期向管理部门和律师协会报告。除此之外，文件还要求法律援助机构在《河南省法律援助资金管理办法》的基础上，结合值班律师实际工作中的工作量和工作情况，合理确定值班律师的补贴标准。

（二）优化改进值班律师的服务方式

《法律援助法》第 22 条规定，法律援助机构可以通过服务窗口、电话、网络等多种方式，为受援人提供法律咨询；对于简单案件，可以应受援人请求代拟法律文书。为了弥补值班律师人数上的不足，法律援助的管理人员可以将值班律师的工作联系方式进行公布。江苏省已经开通"12348 热线法律援助服务平台"，由司法厅购买律师事务所的服务，由律师事务所的律师进行电话接听服务，要求执业能力突出且经过业务培训的律师方可接听电话，在电话中进行法律解惑。这种做法既满足了对值班律师数量的要求，也方便了需要服务

---

① 河南省司法厅：《四部门联合出台〈河南省法律援助值班律师办公室（工作站）工作规定〉》，http：//sft. henan. gov. cn/2016/08−30/1708117. html。

的当事人①。

五、借鉴外国值班律师制度的经验模式

(一) 值班律师的"合同制"模式

在英美法系国家,司法机关与律师事务所采取"合同制"模式,即由政府与竞标成功的律师事务所签订固定期限的合同,将符合条件的案件打包给该律师事务所,这在域外实践中被视为政府购买社会律师法律服务的体现。只有优秀的律师事务所才能承办值班律师业务,同时律师事务所之间也可以形成良性的竞争,律师事务所为了继续承办值班律师业务,会格外重视值班律师服务的质量,这种合同制既有利于提高值班律师的积极性,又有利于保障值班律师的法律服务质量。

从现实生活中看,部分社会公众对律师抱有一种怀疑的心态,而值班律师更难以得到信任。如果社会公众无法意识到值班律师的真正价值,那么值班律师的社会地位也就无法得到提升。因此,应当由国家相应机关普及值班律师的相关知识,提高社会公众对值班律师制度的认知度。由此可以更好地促进值班律师制度的健康发展,从而激发值班律师的积极性,保障值班律师法律服务的质量。

---

① 江苏省司法厅:《司法厅购买 12348 非工作时间段热线法律咨询服务项目单一来源采购结果公开》,http://sft. [J] iangsu. gov. cn/art/2021/6/19/art_74368_9853900. html。

（二）值班律师选入竞争机制

英国、加拿大等地的实践经验是：建立值班律师选入竞争机制，采用自愿原则，设置门槛，并对入选的值班律师进行系统的法律服务培训。我国在值班律师的选择上可以借鉴这种方法，从源头上提高值班律师综合素质，更加顺利地推动值班律师的工作，提高法律服务质量。

第四节　完善值班律师的监督机制

一、加强司法机关对值班律师的监督

法律援助工作站设立在法院、检察院、看守所等场所，这些场所在给值班律师工作提供便利的同时，也需要对值班律师进行监督，从而保障值班律师的工作质量。对于值班律师不尽职尽责的情况要进行训诫，对于值班律师违反相关规定的情况要予以惩处。除此之外，设立法律援助工作站的场所还要对各个值班律师进行考核，设定详尽的考核标准。如果说值班律师是深海航行的船，那么监督体系就是海上的灯塔，它能够时刻监测航船是否在航行，也能够给航船指明前行的方向。

2018 年《刑事诉讼法》确立了值班律师制度，2019 年，司法部印发的《全面深化司法行政改革纲要（2018－2022年）》①规定，完善值班律师工作运行机制，细化值班律师职责范围、权利保障、监督管理、工作保障措施。2020年，《法律援助值班律师工作办法》规定，司法行政机关、法律援助机构、律师协会等都应该对值班律师进行相应的监管，合理指导值班律师履行责任。可以说，《法律援助值班律师工作办法》是就专门机关的监督义务进行的规定，以此解决侦查阶段和非认罪认罚案件对值班律师监督程度不足的问题。为此，法律援助机构要主动对值班律师进行监督，准确掌握值班律师的工作范围并同专门机关做好工作衔接，既保障值班律师的权利可以顺利行使，又保障其权利行使的透明化、正当化②。

（一）司法行政机关应当明确监督标准

司法行政机关对于值班律师的监督应固定模式、确定标准，减少自由裁量的空间。值班律师对法律帮助情况的记录应当具体、翔实，有固定格式。而司法行政机关对值班律师的考核标准应该具体且具有可操作性。在认罪认罚从宽案件中，考核标准应该适当提高，因为在认罪认罚案件中，值班律师的特殊职责是具有辩护属性的，应以辩护的标准对值班

---

① 司法部印发《全面深化司法行政改革纲要（2018－2022年）》，http://www.mo［J］.gov.cn/pub/sfbgw［J］gsz/［J］gsz［J］gt［J］/［J］gt［J］fz［D］y［J］/fz［D］y［J］t［J］xw/202101/t20210121_127618.html。

② 张英哲：《我国值班律师制度的问题与完善》，载《焦作大学学报》2020年第1期，第5-9页。

律师的法律帮助进行评价。例如，提供法律服务是否准确充分、程序权益维护是否及时、是否实际履行签署具结书在场义务、被追诉人是否真实自愿签署具结书、法律意见是否具有针对性与建设性，等等。同时，相关部门要督促司法机关保障值班律师的阅卷权和会见权等相关权利，配合好值班律师的工作。在值班律师的阅卷权和会见权等相关权利未完全落实之前，不宜过度强调监督与责任，权利与责任应该是相当的，监督机制与权利落实要同步进行。

（二）司法行政机关应当建立反馈机制

被追诉人可以对值班律师的不良服务态度等方面进行申诉，有权对值班律师的服务进行评价反馈。当然，被追诉人可能法律知识不足，因此应当对反馈的内容进行限制，反馈不涉及专业性强的内容，如值班律师是否本人提供服务、服务态度如何、是否讲解清楚、是否耐心回答问题、认罪认罚是否自愿等情况。

（三）司法行政机关应当进行日常监督

见证具结书签字，但不提供实质性的法律帮助，只以见证人的身份存在是目前值班律师最常见的工作方式。在值班律师介入案件时，检察机关的量刑建议已经提出并且得到了犯罪嫌疑人的认可，留给值班律师的工作只剩下见证签字。一些被派驻到看守所等场所的值班律师经常因案件过小、地方过于偏僻等因素，在办理认罪认罚案件时经常省略程序，如部分值班律师就舍弃了阅卷的程序而选择简单地听取犯罪嫌疑人、被告人的案情介绍。在对案件没有全面了解的情况下，值班律师提出有针对性的法律意见是不现实的。要想从根本上解决值班律师提供实质性有效法律帮助的问题，必须加强对值班律师的监督。看守所、人民检察院、人民法院都要对值班律师进行监督。法律援助机构可以安排值班律师重点关注犯罪嫌疑人、被告人的法律帮助需求，派驻检察院的值班律师可以专门办理认罪认罚的案件。把二者加以区别，不仅方便值班律师提供法律帮助，防止值班律师的帮助流于形式，更加明确值班律师的职责，同时也解决了值班律师阅卷难的问题，更利于进行监督。关于检察机关对值班律师的监督，主要体现在检察机关与值班律师交换意见的时候，明确了值班律师对于案件所提出的法律意见应由人民检察院进行记录并附在案卷上。这表明检察机关要将对值班律师的监督落实在纸面上，为双方就案件展开协商搭建了平台，法律援助机构要加强同检察机关的沟通联系，起到润滑作用，使值班律师与检察官意见交换更为顺畅①。至于人民法院对值班律师的监督则需要由检察机关将值班律师的书面意见随案移送至人民法院，人民法院裁判案件时应当参考，了解值班律师作出与检察院不一致意见的原因。

---

① 孙锐：《认罪认罚案件办理中侦查活动监督的强化》，载《中国检察官》2021年第1期，第44-47页。

二、建立国家对值班律师的统一监督体系

业务水平决定服务质量，值班律师所提供的法律建议的有效性很大程度上取决于值班律师的执业水平，这就需要统一的监督管理体系来规范，不至于因为值班律师的水平过低而导致当事人在法律帮助上的获取不足。虽然值班律师制度的首要价值是效率，但对于咨询问题的质量也要有保证，为此，需要完善值班律师制度的质量监管机制。2019 年《全国刑事法律援助服务规范》对值班律师的监督进行了规定，该规范为我国所有刑事法律援助制定了统一的监督标准。根据规范规定，对值班律师工作进行监督检查的方式包括电话回访、网上评估、满意度调查和回访受援人等。

应当明确值班律师资质，对于值班律师可以实施准入机制。规定值班律师的从业工作年限，选用业务熟练、有责任心的律师参与值班，保证法律援助服务质量。对于值班律师的质量考核，可由法律援助中心派人在值班时进行旁听，对值班律师的业务能力、服务态度进行评价。此外，还可以设立意见簿、投诉电话等渠道，方便社会公众对值班律师提出意见和建议。可以采取回访受援人的方式进行监督，通过受援人对服务过程中值班律师的专业程度和服务态度进行评价，来对值班律师进行考核。对值班律师的工作情况进行监督，建立相应的考核机制也是必要的，通过对案件质量的评估，以及对值班律师的评价进行综合分析，对于不称职不尽职的

值班律师进行督促，甚至调离，保证法律援助质量。

三、建立对值班律师的长期监督机制

值班律师处罚机制的缺失，进而导致值班律师勤勉尽责的缺失。由于值班律师能够从财政补贴获得的收入相对微薄，远远低于同时期进行执业工作时从事法律咨询的标准，在这个过程中，值班律师在值班上的咨询就缺乏激励，更像是一种负担而非职责。值班律师每天要处理多个案件，而且如果只负责分阶段的法律咨询，很容易产生懈怠，难以更好地提供法律上的援助，因此有必要建立相关机制来保证值班律师履行职责，对值班律师进行更好的监督。

改变值班律师"临时任用"模式，建立长期专职值班律师机制，这样可以在很大程度上保证值班律师工作的效果。笔者建议，建立专职值班律师队伍，专门负责法院和看守所的值班任务。具体来说，在我国，司法行政部门的相关人员负责法律援助事务的实施，可以在各地司法厅、司法局下设值班律师办公室，专门负责对值班律师的监督。因此，当值班律师成为固定的职业，成为一种岗位时，就不再是值班律师的临时义务，这是值班律师工作的底气①。

---

① 马明亮：《论值班律师的勤勉尽责义务》，载《华东政法大学学报》2020 年第 3 期，第 35-48 页。

四、建立对值班律师的惩戒机制

我国《法律援助法》规定，法律援助人员如果怠于履行法律援助义务的，司法行政部门可依法给予处罚。

通过值班律师在工作中的表现，可以反映出律师在履行职责过程中的主观过错，也可以作为处罚律师的依据。然而，对于值班律师来说，他们只能提供有限制性的建议。因为被告人需要法律帮助的阶段和咨询法律问题的时间都不同，大量客观的法律事件与大量的主观判断交织在一起，在客观标准难以判断值班律师是否认真履行法律援助职责的情况下，即使值班律师完全不履行工作职责，司法行政机关也找不到处罚的依据，值班律师在内心也就缺乏积极履行职责的动力。当然，这并不意味着目前实行值班律师制度地区的值班律师存在不负责任的行为，只是想突出强调一点，值班律师作为我国多元化法律援助制度的重要组成部分，律师惩戒制度在未来的长期运行过程中，应该有相应的风险防范机制，不能依赖于值班律师的职业道德进行约束①。

值班律师在正式参加值班工作之前，应该参加相关培训活动，提高自身的能力和水平。司法机关应当及时了解律师处理案件的情况，并向所属机关报告。如果遇到值班律师不履行职务，当事人可以要求值班律师改进工作或者更换律师，值班律师对于他们的职责应该是积极的，而不是懈怠的。

---

① 苗生明、周颖：《〈关于适用认罪认罚从宽制度的指导意见〉的理解与适用》，载《人民检察》2020 年第 2 期，第 49—60 页。

第五节　完善值班律师的保障机制

我国司法机关受理的刑事案件数量基本呈逐年增长趋势，最高人民法院工作报告显示，各级人民法院 2013 年至 2018 年全年审结的一审刑事案件数目分别为：95.4 万件、102.3 万件、109.9 万件、111.16 万件、129.7 万件、119.8 万件。同时，这一时期的法官数量远远不足。针对案件数量多，处理人员少的现状，需要在法院以外来提供法律帮助。鉴于值班律师自身可以提供良好的法律帮助，因此要加大对值班律师的保障。①

我国值班律师制度始于 2006 年的河南省焦作市修武县，并在实践中发挥了很大作用，遂在全国推广。2015 年，中共中央办公厅、国务院办公厅发布了《关于完善法律援助制度的意见》②，明确规定建立值班律师制度。最终在 2018 年修订的《刑事诉讼法》中确立了值班律师制度。这些都表明了值班律师制度是有价值的，该制度发展如此之快离不开对认罪认罚的推行，值班律师也因此在认罪认罚案件中发挥着重要

---

① 谢恩芝：《认罪认罚从宽制度视野下权利保障机制研究——以广西南宁市的适用为样本》，载《南宁师范大学学报（哲学社会科学版）》2020 年第 1 期，第 175-179 页。

② 司法部：《关于完善法律援助制度的意见》，http：//www. mo［J］. gov. cn/pub/sfbgw/zwxxgk/f［D］z［D］gknr/f［D］z［D］gknrtzw［J］/202103/t20210316-207520. html。

的作用。例如，上海市为方便法律援助案件的申请，自 2019 年 7 月起正式实施法律援助申请"全市通办"，有需要法律援助的申请人，可到附近的法律援助中心提出申请，并将材料交给法律援助中心，由该法律援助中心进行扫描和邮寄，极大地方便了需要援助的申请人①。

一、值班律师地位的保障

2018 年《刑事诉讼法》规定，值班律师的法律援助义务由人民法院和拘留所的法律援助机构承担。这就是为什么值班律师制度是法律援助制度的一部分。值班律师制度的启动是由国家依法提供的法律服务，这也正好符合法律援助律师启动的方式。而且根据规定，值班律师为犯罪嫌疑人提供法律帮助，表明值班律师虽然不能等同于法律援助律师，但是与法律援助律师发挥着同样的作用。与此同时，值班律师还发挥着与辩护人类似的作用，例如，提供犯罪嫌疑人、被告人无罪、罪轻或减轻、免除刑事责任的材料和意见时，就保护犯罪嫌疑人、被告人的诉讼及其他合法权益等发挥着同样的作用。因此，值班律师虽不是辩护律师，但是与辩护人承担着相同的辩护任务。我们可以看出，值班律师有别于辩护律师和法律援助律师，但又具备二者的某些特质，同样是提供法律帮助，值班律师更加便民实用。随着审判制度改革的

---

① 上海市司法局：《7 月起，上海申请法律援助实现"全市通办"》，http：//sf [J]．sh. gov. cn/2020zw ［D］ t_bmts/20201028/8c4beca59307486fbec26bc604b00370. html。

深化，值班律师的地位会越来越有保障①。

二、值班律师权利的保障

值班律师制度已经在立法上得以确立，此时进行值班律师具体的权利保障就显得尤为重要了。为使值班律师的权利得到进一步保障，我们要正视以下问题。

值班律师权利的制度保障主要包括值班律师阅卷权的保障和值班律师获得报酬权的保障。2019年，最高人民检察院、最高人民法院、公安部、国家安全部、司法部印发了《认罪认罚意见》，进一步保障值班律师能够行使会见权和阅卷权。首先，确保值班律师在对案件信息充分了解的基础上，有效帮助被追诉人知悉权的实现。其次，明确值班律师介入时间，为值班律师行使会见权提供便利。在被追诉人申请值班律师的帮助后，应及时告知值班律师相关情况，并尽快安排值班律师会见，保障在会见过程中不被监听、会见时间不受不当限制。要求值班律师在会见过程中向被追诉人了解案件情况并向其进行详细的解释和告知。记录会见时间，形成会见笔录存档，并将值班律师参与案件的信息记录在案。以保障律师全面了解和掌握案件信息，为实现被追诉人知悉权提供有效帮助。

---

① 陈卫东、安娜：《认罪认罚从宽制度下律师的地位与作用——以三个诉讼阶段为研究视角》，载《浙江工商大学学报》2020年第6期，第71-85页。

（一）值班律师阅卷权的保障

根据实际需要，值班律师应当享有阅卷权，值班律师要想更全面详细地了解案件，应该是从卷宗中了解而不是从被追诉人的口中得知，值班律师如果想要实质地对被追诉人提供法律帮助，那么就一定要先了解案卷的情况，这样可以更方便地与被追诉人进行客观的交流与沟通，所以值班律师应当享有一定的阅卷权。只有了解清楚案件的具体情况，才能进行相应的辩护，在这一点上，不应该给值班律师造成不必要的障碍。2018 年《刑事诉讼法》规定，人民检察院应当为值班律师了解案件情况提供便利。虽然这一点在立法上没有明确规定值班律师在整个诉讼阶段都拥有阅卷权，但对其进行目的解释我们发现，这是为了值班律师更方便地了解案情，值班律师应在刑事诉讼阶段开始时就拥有阅卷权。

（二）值班律师获得报酬权的保障

虽然 2018 年《刑事诉讼法》未提及值班律师津贴的问题，但是《法律援助法》第 4 条规定，县级以上人民政府应当健全法律援助保障体系，将法律援助相关经费列入本级政府预算，建立动态调整机制，保障法律援助工作需要，促进法律援助均衡发展。这就明确了我国值班律师经费来源主要是当地政府，这就为值班律师可以获得报酬提供了保障。同时还可以根据各地区的消费标准，灵活地给予值班律师相应的报酬，既体现了获得上的保障性，又体现了因地制宜的灵活性[①]。

---

① 李希颖：《值班律师参与权研究》，华中师范大学 2020 年硕士论文。

第六节　完善值班律师的救济机制

2006 年，河南省修武县开始进行值班律师制度的试点工作，2018 年，值班律师制度写入《刑事诉讼法》。这是由点到面的变化，证明了我国值班律师制度的实行取得了巨大的成功，值班律师制度为越来越多的人提供了法律帮助。截至2021 年，云南省已经设立基层法律服务所 1121 个，建成法律援助工作站 2645 个，14371 个村居实现公共法律服务中心、工作站全覆盖①。法律援助工作站全覆盖的实现，是我国法律援助史上的一大进步，保障了被追诉人的权利，维护了司法公正，推动了刑事法治进程。

一、优化值班律师的值班时间

目前，大部分值班律师的工作时间与法院等部门一致，这与通常的法律帮助需求者工作时间是重合的，这意味着被追诉人很难在非工作时间得到值班律师的帮助。笔者建议，改变一下值班律师的工作时间，在正常工作时间之外让法律帮助需求者可以获得律师的帮助，可以在法院等地点增加定点值班的律师，让绝大部分时间都有值班律师来提供法律服

---

① 司法部：《云南建成 2645 个法律援助工作站》，http：//www.mo ［J］. gov. cn/pub/sfbgw/fzgz/fzgzggflfwx/fzgzggflfw/202103/t20210331_349977. html。

务。还可以通过设立 24 小时电话咨询热线，为被追诉人提供 24 小时全天候的法律帮助，以及时、全面保障被追诉人辩护权的实现。检察机关予以配合，促使其职能的充分实现。

二、明晰值班律师的介入时间

值班律师提供的法律服务决定着被追诉人的案件后续进展，值班律师对案件情况的掌握了解情况决定着提供法律服务的情况，值班律师介入案件的时间决定着对案件的了解程度，所以说一个合适的介入时间对于值班律师来说非常重要，这直接影响着值班律师职能的发挥。值班律师在合适的时间介入认罪认罚案件，可以保障被追诉人应有的权利，不会因其为"法盲"而让自身利益受损，同时也可以监督办案机关的工作。必须要保证认罪认罚是在值班律师的帮助下进行的选择，是出于被追诉人充分了解程序后的选择，是内心真实意思的选择。要让认罪认罚的法律帮助不是走形式，而是实质上的。我国法律还未明确规定值班律师的介入阶段，这种不确定性在实践过程中会产生很大影响。笔者认为，值班律师可以尽早介入案件为委托人提供法律帮助，以确保案件得到公正审判，使被追诉人的权利得到有效保障。针对适用速裁程序审理的案件，由于值班律师在侦查阶段和审判阶段可能换人，因此需要留给后介入的律师一定的时间来了解具体案情。从理论上来说，速裁程序的审理期限应该短于简易程序，但对于速裁案件，可以适当延长审理期限以便值班律师更充分地了解案情，更好地为被追诉人提供法律帮助①。

三、完善值班律师的衔接工作

由于值班律师每天要负责不同的案件，每个案件的每个时间段也可能是不同的值班律师负责的，因此，应做好值班律师之间的工作衔接，使被追诉人获得持续的法律援助。建立完善值班律师、法律援助律师及辩护律师的衔接机制，辩护律师、法律援助律师是刑事案件辩护的传统模式，值班律师作为刑事案件辩护第三种力量加入刑事辩护中，以实现刑事案件辩护全覆盖的目标。因此，立法应在职责分工、适用案件范围、程序流转等方面完善值班律师、法律援助律师及委托辩护律师的衔接机制。

对于值班律师与委托律师，在被告人委托辩护律师后，应当由委托的律师向值班律师事先就案件的情况进行了解，与值班律师进行沟通交流，值班律师将在自己工作过程中所获得有关案件的情况告知辩护律师，一定程度上缓解了后续辩护律师的工作压力。在不同的诉讼阶段提供不同帮助的值班律师之间，也同样需要就值班律师之间的诉讼、交换、合作等程序进行规范，让辩护律师根据所获得的信息和意见采取后续行动，进行合作交流，减少意见分歧引起的冲突。如果情况允许，被告人可以选择原来的值班律师，继续为其提

---

① 边薪宇：《认罪认罚视野下值班律师制度的优化路径分析》，载《法制博览》2020 年第 2 期，第 77-78 页。

供连续的法律援助，这样还可以方便值班律师的工作。

四、完善值班律师制度的配套措施

明确值班律师在不同诉讼阶段的作用，坚持目标导向和效果导向，适度强化值班律师的参与度，建立配套保障制度，使值班律师能够全面把握案件的事实和证据，真正做到实质有效参与，防止形式化。进一步理顺值班律师、法律援助律师与指定律师、委托律师之间的基本关系，完善值班律师与辩护律师工作的衔接机制。进一步界定值班律师的权利与义务，明确值班律师可以行使包括阅卷权、会见权、调查取证权等在内的基本诉讼权利，同时明确值班律师的法定义务，确保值班律师工作的规范运行。进一步推进网络智能化建设，加强现代科技运用，大力建设远程会见系统，实现网络会见。进一步加强协作，推动认罪认罚从宽制度的不断发展。司法机关通过律师工作联席会议等平台，建立健全沟通协调和信息共享、工作会商等制度，形成部门合力，及时解决问题，保障工作开展。加强值班律师准入标准化、服务规范化、管理制度化建设，政法部门和律师协会完善有关政策，建立值班律师准入、日常管理和退出机制，强化值班律师业务培训和质量管理，完善值班律师权益保障和工作奖惩机制，把值班律师的工作考核纳入律师信用综合管理系统和年度执业考核、评先评优机制当中，引导广大律师积极参与法律援助工作，充分发挥专业作用，更好维护当事人合法权益，维护法律正确实施，维护社会公平正义。

无论是律师界、司法界还是学术界，对于值班律师是否应该明确具有"辩护人"的身份依然存在着很大的争议。但从目前值班律师参与认罪认罚的实际工作情况来看，值班律师在认罪认罚案件中各阶段应当发挥的作用而言，值班律师在一定程度上和辩护人具有重叠性。在认罪认罚案件的侦查阶段，相较于辩护人，值班律师能够更早地介入案件，在这一阶段值班律师更多的是以"法律帮助者"和监督者的身份参与案件。在这一阶段，为了保证值班律师能够及时地为犯罪嫌疑人提供法律服务，同时也为了有效防止执法机关以及检察机关权力的滥用，因此应当明确值班律师监督人和法律帮助者的角色定位。在审查起诉阶段，为了防止检察机关权力的滥用以及保障犯罪嫌疑人可以有效地行使其权利，值班律师在了解案情的时候就不能只依靠检察机关提供的材料和证据对检察机关提出的案件处理情况提出意见。值班律师在这一阶段需要拥有自行查阅案件卷宗、单独会见犯罪嫌疑人、对检察机关提供的证据材料进行分辨查实等和辩护人一样的权利。在这一阶段，值班律师只有拥有和辩护人相同的权利，才能保障其最大限度地为犯罪嫌疑人争取最大的利益，也更容易使犯罪嫌疑人认可检察机关的最终处理结果。因此，在这一阶段应当明确值班律师"准辩护人"的角色定位。在司法审判阶段，由于在侦查阶段以及审查起诉阶段犯罪嫌疑人已经自愿认罪认罚且在值班律师见证下签署了认罪认罚具结书，其犯罪事实清晰明了、罪名确定、对检察机关的量刑建议表示了认同，故不需要值班律师再出庭帮助辩护。在这一阶段应当明确值班律师监督人的身份，用以保证司法审判的公平公正。

五、建立值班律师的申诉机制

建立值班律师申诉机制，使值班律师在其权利受到司法机关阻碍时或被追诉人不配合时，可以向法律援助机构申诉，法律援助机构给予值班律师及时的救济，以保障值班律师工作的顺利进行，不必因为司法机关、被追诉人的问题而承担不必要的责任，解决值班律师的后顾之忧，激励值班律师积极参与到法律帮助中。

从制度上确立值班律师讯问时的在场权以及讯问时的监督权，从政策上保障值班律师能够独立地行使会见权，允许值班律师独立会见，免受监听、监视所扰。改善值班轮换的工作待遇、工作环境等，完善相关制度，使值班律师制度的效用落到实处①。

应进一步规范辩护方与检察官协商的权利和程序。在认罪认罚协商过程中，辩护权应该不受到侵犯。应进一步明确在协商过程中关于协商的开始条件、协商内容和拒绝协商的法律后果，让被追诉人充分了解实行认罪认罚和不进行认罪

---

① 冀敏、刘婕:《值班律师有效辩护之理论研析与制度优化》，载《武陵学刊》2019 年第 1 期，第 75-83 页。

认罚的不同，真正地实现认罪认罚的自愿性。由于认罪认罚在司法上追求的是程序的效率和经济价值，这是与案件深入探究相矛盾的，如果二者机械地进行，在实行上将会存在困难。所以，我们应当从实际出发，既坚持证据标准，保证定罪质量，又要在符合基本证据标准、案件清楚明了的情况下，允许不那么刻板地进行。按照比例原则及认罪认罚制度的立法精神，兼顾案件办理中的公正与效率①。

六、保障值班律师的参与权利

刑事诉讼案件中，一些执法机关为提高工作效率，很容易出现刑讯逼供和暴力威胁犯罪嫌疑人认罪的情况，而在法庭审理的过程中，审判法官又很少去了解侦查机关在讯问过程中的实际操作情况。因此，为了保障犯罪嫌疑人的合法权利，以及值班律师在案件中参与活动的有效性，应当赋予值班律师提前介入认罪认罚案件的权利，即从侦查机关第一次对犯罪嫌疑人进行讯问的时间开始，就应当允许值班律师到场监督案件的讯问过程，用以保障讯问的合法进行，同时也有利于保障犯罪嫌疑人的合法权利，而不是仅仅在被追诉人签署认罪认罚具结书时起一个消极的"见证人"的作用。此外，执法机关还应为值班律师行使阅卷权、会见权等权利提供便利，用以保障值班律师可以实现有效的参与。以保证被

---

① 龙宗智：《完善认罪认罚从宽制度的关键是控辩平衡》，载《环球法律评论》2020年第2期，第5-22页。

追诉人认罪的自愿性和真实性，来保证程序选择的自主性和量刑建议的公正性。我们应提高简易程序的律师辩护率，促进律师实质有效参与程序，完善法律救济机制，在尽可能的情况下，为更多的刑事被告人提供更为有效的辩护。

2019 年，合肥市作为刑事案件律师辩护全覆盖试点已经实现刑事案件审判阶段律师辩护率由 40% 提高到 100%，充分实现了对被告人的保护①。笔者认为，值班律师担任辩护人的做法是可行的，因为二者从本身来说所能行使的权利不尽相同，只有确立值班律师的地位，有效辩护才有实现的基础。当然，被追诉人仍然可以选择委托辩护人或者申请法律援助。明确值班律师的辩护人身份丰富了被追诉人获得辩护的途径，而不是因为值班律师减少了救济的途径。保障值班律师行使辩护权就应该让值班律师像辩护人一样，不被区别对待。应当保障其会见权和阅卷权，保障其可以参与诉讼程序，值班律师可以在被追诉人的授权下与检察机关展开量刑协商，保障值班律师出庭进行辩护的权利，从而保障其对被追诉人提供法律帮助的始终一贯性，可以就新的事实或证据或者量刑新的变化在庭上继续进行辩护，避免流于形式的辩护出现②。

---

① 安徽省司法厅：《新职能 新定位 新发展 合肥司法行政 2019 年亮点工作展播》，http：//sf［J］. hefei. gov. cn/［D］txx/mt［J］［J］/14574565. html。
② 程衍：《论值班律师制度的价值与完善》，载《法学杂志》2017 年第 4 期，第 116 页。

第六章

域外值班律师制度比较研究

第一节　英国值班律师制度

资产阶级革命胜利后，西方刑事司法开始重视对人权的保护，对被告人辩护权的保护得到一定的加强。在这种背景下，英国首先建立了值班律师制度。1424 年，苏格兰为改变因诉讼费用高昂而剥夺公民"诉诸司法"权利的现象，设立了"穷人登记册"。近代英国法律援助制度出现于 1949 年，是由《法律援助法》和《法律咨询法》确立的。1970 年，值班律师制度初具雏形。当时的目的是扩大律师案件的来源，部分地区的刑事律师事务所按照协议轮流担任值班律师。

英国《1984 年警察和刑事证据法》（PACE）将值班律师的协助提前到调查阶段，犯罪嫌疑人可以在警察局咨询值班律师。到 1986 年，在警察局被逮捕和拘留的公民可以得到值班律师帮助。目前，《2012 年法律援助、量刑和罪犯惩罚法》是英国现行法律援助制度的主要依据。英国的值班律师可以自愿报名，每天在警察局和法院值班，犯罪嫌疑人只要不放弃向律师寻求帮助的权利，就可以得到政府提供的法律援助。英国值班律师由法律事务委员会管理，包括警务执勤律师和法庭执勤律师。不论是在警区还是法庭，均会指派一名或两名律师当值，并可申请当值律师的服务，而无须关注财务状况。警察局值班律师程序，是指在警察局被逮捕、拘留的公民，以及到警察局协助调查的公民，有权寻求法律咨询。但是，警务执勤律师制度仅限于提供法律咨询和协助，且只在警察局内提供服务。离开警察局后，仍然需要律师帮助的，值班律师将不再提供法律服务，而是应当申请法律援助。警务执勤律师的主要工作是帮助犯罪嫌疑人了解并争取自己的合法权益。此外，律师还可以了解犯罪嫌疑人被指控的罪名以及警方掌握的证据。律师会见犯罪嫌疑人时，警方需要撤回起诉，讯问笔录必须由律师或者其委托代理人附呈才可以作为证据使用。英国法庭执勤律师计划使在裁判法院接受刑事审判的被告人能够向要求他们当值的律师提供法律咨询和协助，确保更多刑事案件被告人能够及时获得法律援助。当被告人第一次在地区法院出庭时，必须有律师在场协助，否则他将得不到审理。被告人没有经济能力聘请律师的，可以向值班律师寻求帮助。值班律师在全面了解案情和证据之后，帮助被告人决定是否应当认罪，从而保障被告人得到快速审判，节约了司法资源。另外，值班律师也要防止被告人轻率认罪，保证其充分了解认罪的法律后果。值班律师主要目的是对问题进行指点，确保申请人有时间接受更多法律意见。

这一制度符合刑事司法保护人权的基本要求，许多法治国家的刑事诉讼法都是围绕保护人权开展的制度设计，因此，值班律师制度被其他国家普遍采用。

值班律师的职责可以分为四个方面：一是回答法律咨询问题。律师需要回答关于审判程序和被告人是否可以申请保释的问题。二是申请休庭。被告人需要有自己的律师或协助律师在一个月内为他辩护①，如期限已过，被告人未办妥委托手续，则由值班律师出庭申请延期。三是申请保释。如果法官认为被告人不会潜逃或不会危害社会，值班律师在被告人符合相关要求下，可申请保释。值班律师在决定被告人是否可以保释时，必须在场并与检察官协商。四是参与辩诉交易。值班律师在加拿大是有权参与到辩诉交易中的，量刑建议是基于被告人的利益提出，再与检方进行协商②。

值班律师是普遍存在于各国的，值班律师制度对服务对象的经济状况没有门槛限制，申请也无须复杂的程序，只要被追诉人没有辩护律师，即可得到值班律师的帮助③。值班律师的权利在各国都很充分。在英国，警察局在询问被追诉人时，值班律师必须到场提供帮助，法律还规定了值班律师会

---

① 滕丽娜：《英国刑事法律援助制度的现状及其启示》，载《福建政法管理干部学院学报》2009 年第 12 期，第 47 页。

② ［英］麦高伟主编：《英国刑事司法程序》，姚永吉等译，法律出版社 2003 年第 1 版，第 90 页。

③ 白春花：《法律援助值班律师制度比较研究》，载《河南司法警官职业学院学报》2008 年第 4 期，第 90-94 页。

见被追诉人的最低时长，值班律师拥有会见权且有权根据案件情况决定是否当面会见被追诉人；在加拿大，各种类型的值班律师都有会见权，并提供全天候的电话咨询服务，值班律师可以参与控辩交易，实现被追诉人利益最大化；日本值班律师权利充足，其还拥有审判阶段辩护权；美国公设辩护人早在 20 世纪初就有了参与辩诉交易的权利。

英国的值班律师有两种服务方式，一是面对面服务，被告人通过申请，在警察局和地方法院成立的当值律师面对面会议室，征求法律意见①。二是采用电话咨询服务，这是值班律师提供 24 小时法律服务的最重要方式，电话咨询方式也随着网络技术的发展而逐渐扩展，不仅限于电话，也包括电子邮件、网站等。在法院值班律师制度中，每一次开庭，都会有一名或多名义务律师被指派参加值班活动。英国值班律师的服务模式决定了值班律师拥有相对充足的权利配置。比如，相关法律规定，警察应当及时、不隐瞒地向值班律师提供案件信息，甚至包括证据。这一规定是强制性的，也就是说，值班律师对案件有更深入细致的了解，有实质性的审查权。此外，值班律师可以不受阻碍地会见犯罪嫌疑人、被告人，会见的权利不受限制。赋予值班律师更完善的诉讼权利，值班律师可以更好地与犯罪嫌疑人、被告人进行沟通，有利于保障值班律师制度的顺利运行。英国值班律师制度在早期运

---

① 朱昆：《英国法律援助制度概述》，载《哈尔滨学院学报》2010 年第 4 期，第 34 页。

行中出现过值班律师制度适用率低、提供法律服务质量不高、经费不足无法保障值班律师实质有效参与刑事诉讼活动等问题，后经过多次制度改革，情况有了较大改善，逐渐形成了一套国家统一标准的值班律师运行体制、经费补助等保障机制。

英国的值班律师包括警察局值班律师和法庭值班律师。前者旨在为那些被关押在警察局未曾委托过辩护律师的被追诉人提供必要的法律服务。侦查初期那些被临时关押在警察局的犯罪嫌疑人和被传讯到警察局协助调查的公民都有权获得值班律师的帮助，且无须审查涉嫌罪名以及经济状况。与我国不同的是，讯问前值班律师可以向警方了解涉案基本情况，有权复制讯问录音，有效保障了值班律师参与时间的及时性，规范讯问等侦查程序的合法性。法庭值班律师则是在为首次开庭日前没有委托律师或未接触过委托律师的被告人提供法律帮助或代理服务①。英国在保障两种值班律师制度运行方面做了改进，提高了值班律师准入标准、扩大了值班律师队伍。在提高值班律师服务水平方面，通过设立法律援助主管机关——法律援助局来统一管理值班律师工作，有效地提高了法律服务水平。另外，为便于值班律师工作的管理，在派驻值班律师前法律援助局与值班律师所在的律师事务所必须签订格式合同。英国法律规定，值班律师队伍由法律服

---

① 阮兰泉：《中国法律援助值班律师制度初探》，载《河南司法警官职业学院学报》2009年第4期，第115-117页。

务委员会统一管理，取得值班律师资格必须通过专门考试，后期还要经常参加职业培训以提高自身的职业道德；为提高值班律师适用率，《关于刑事司法的皇家委员会报告》提出要在警员培训中加强警员的告知义务，律师公会也要加强值班律师工作培训，在提高工作效率的同时也逐渐提高值班律师积极性，发挥警察局值班律师应有的价值。在队伍建设方面，英国成立了一支多元化值班律师队伍，其中有专职律师、私人律师，还有一些非职业律师。成分多元的律师队伍弥补了专职律师数量的不足，保障任何诉讼环节都能有值班律师的参与，保障每次开庭都会有一名或多名值班律师被指派，也满足了每个警察局都需指派一名或多名值班律师的要求。同时，根据中部伦敦计划，在值班律师需求较大的农村，每8小时工作日内，都会指派三名值班律师参与值班活动。在值班律师经费方面，英国提高了经费标准，警察局值班律师提供法律咨询服务可按照固定费率获得 144 英镑 –301 英镑不等的费用。如果犯罪嫌疑人被羁押的时间过长，除了上述费用外，值班律师还可以向办案机关申请额外费用。同时，法庭值班律师通过提供值班工作可以获得 350 英镑/8 小时的报酬，这无疑有助于提高值班律师进行值班工作、提供高水平法律服务的积极性。而我国目前关于值班律师的经费来源比较单一，很多地区并没有将值班律师的经费纳入财政预算之中，反而要求值班律师提供免费的法律帮助，只有少数地区将值班律师的经费纳入财政预算，并出台了相关文件予以参照。

和其他国家的经费来源相比，在英国，法律援助经费约占中央财政支出的 1%；在日本，民事和刑事法律援助经费总共约占国家财政支出的 0.11%；而在我国，2018 年法律援助经费约占国家财政一般公共预算支出的 0.012%。从经费来源看，我国经费来源目前都依靠财政拨款，或者是希望律师提供免费的法律帮助。而其他国家的财政来源比较丰富，比如，英国的经费来源包括财政拨款、个人捐助以及社会捐助等；加拿大的经费来源还包括个人支付等方式，多方面的经费来源支撑了各个国家值班律师制度的流畅运行。

第二节　美国值班律师制度

在美国，虽未出现值班律师的字眼，但设有公设辩护律师制度，该制度是为经济困难的被追诉人提供免费法律帮助，旨在保障这些经济困难的被追诉人获得辩护的诉讼权利。虽然公设辩护律师制度不是值班律师制度，但两者亦有异曲同工之妙，都具有法律援助的意义和价值。和其他西方国家的值班律师制度相比，美国在保障公设辩护律师参与刑事诉讼方面有其特殊亮点。第一，美国公设辩护律师有横向和纵向两种服务模式，前者是针对不同诉讼阶段指派不同的律师，这种模式有效发挥了不同律师在不同阶段的优势，但缺点同样明显，那就是不利于律师对案件全过程进行系统的掌握和处理，而纵向服务模式则是一个案件诉讼全过程均由同一律师负责处理，有效地解决了横向模式存在的问题。第二，扩大公设辩护律师权限。美国公设律师的辩护权限和委托律师相同，可以在任何刑事诉讼阶段提供相应的法律服务，这使得公设律师能够像私人律师一样充分地参与到刑事诉讼活动中。第三，为了提高公设辩护律师服务质量，早在 20 世纪 70 年代，美国就对公设辩护律师设定了案件负荷标准，公设辩护律师平均每人每年处理的轻微刑事案件数量不超过 400 件。这种案件负荷标准有助于提高律师工作的积极性，因为它在一定程度上减轻了公设辩护律师的办案压力，从而保障其有更充裕的时间和精力去处理所办理的刑事案件。相比之下，我国现阶段并未对值班律师提供法律援助案件的数量做一定的要求和限制，难免会造成值班律师提供法律援助的质量和效率参差不齐。

第三节　加拿大值班律师制度

在加拿大，获得值班律师的帮助权已上升到宪法层面。虽然加拿大属于联邦制国家，每个州或地区司法行政机关不同，值班律师的具体制度也有所不同，但加拿大值班律师的类型划分多而不乱，每种类型的值班律师职能具体明确，主要分为刑事电话咨询值班律师、法院值班律师①以及履行其他职责的值班律师。加拿大刑事电话咨询值班律师在各地区法院都普遍存在，当被告人陷入司法困境时，即可拨打值班律师热线获得帮助。值班律师热线是 24 小时畅通的，设置全天候模式的电话热线是为了在被追诉人面临司法机关的羁押时能够第一时间联系上值班律师并得到救助，保障被追诉人及时得到司法救济，实现人权的平等保障。法院值班律师按照工作地点分为刑庭和民庭。将值班律师安排在法院的主要目的是为更多的被追诉人提供法律服务，从而实现为法律援助律师分担部分工作，使法律援助律师能够集中精力处理更为复杂的案件，进一步提升工作效率。值班律师的职责如下：一是回答法律咨询。值班律师需要回答被告人关于审理流程、能否申请保释等问题。二是申请休庭。在加拿大，被告人会有一个月以内的时间自行委托律师或申请援助律师辩护，如果期限已到而被告人仍未办理好委托手续，开庭时一般会有值班律师出庭并申请休庭。三是申请保释。在加拿大如果法官认定被告人不会潜逃且对社会安全无危害，符合相应条件的被告人可以申请保释。决定被告人能否保释时值班律师必须在场，并与检察官进行协商。四是参与控辩交易。值班律师有权介入控辩交易，从被追诉人利益出发提出量刑建议并与检察机关协商。在加拿大，刑事法庭值班律师对刑事诉讼

---

① 白春花：《法律援助值班律师制度比较研究》，载《河南司法警官职业学院学报》2008 年第 4 期，第 32 页。

作用很大。① 很多有值班律师介入的案件都能在早期得到调解和解决，故相较于民事法庭值班律师，刑事法庭值班律师发展迅速且更受欢迎，而民事法庭值班律师的普及度并没有这么高。电话值班律师是因为布里奇斯案产生的关于律师帮助权问题而设立的，后来逐步上升为宪法义务而被各个地区政府实施，随后其他地区也开始效仿，纷纷设立了电话值班律师。电话值班律师主要应用在刑事领域，由私人律师和专职律师组成，工作内容就是为犯罪嫌疑人或者被告人提供免费的法律咨询，如果犯罪嫌疑人或者被告人需要提供正常的法律帮助，比如提供辩护等，值班律师会为其申请法律援助律师帮助或者帮其申请辩护律师，由法律援助律师或者辩护律师提供后续服务。法院值班律师则不仅仅在刑事案件中提供服务，也会在民事案件中提供服务，相对来说服务的范围更广。法院值班律师的职责就是为没有律师的当事人提供法律咨询与帮助，使得只要进入诉讼阶段的当事人，在没有律师帮助的情况下，都可以获得法律帮助，尽可能地扩大法律援助的覆盖率。

---

① ［加］Patrick l.［D］oherty：《加拿大法律援助计划》，贺园丁译，载顾永忠主编：《刑事法律援助的中国实践与国际视野》，北京大学出版社 2013 年版，第 432 页。

第四节　日本值班律师制度

20 世纪 90 年代，日本九州岛最早出现了值班律师计划，旨在给那些受刑事审判而无辩护律师的被告人一次免费法律帮助的机会。日本值班律师计划重点借鉴了英国值班律师制度的宝贵经验，发展迅速，仅仅两年后在日本已有五十多个地区实行了该计划。在日本，值班律师按照"待命制"和"名簿制"两种形式的名单进行值班①。前者是指由律师协会先询问各律师的工作时间安排和休息日期安排，按照律师的时间安排来制定值班计划表，轮到律师值班的时候，律师一般先在律所等候，当有被追诉人提出要求值班律师帮助时，值班律师即从律所出发，与被追诉人见面，为其提供法律帮助。后者则是事先收集志愿参加值班律师项目的律师的名单，当被追诉人需要值班律师的帮助时，按照名单上的顺序依次联系律师，若律师当下无法前往则按顺序拨号下一位，一直到有值班律师可以前往为止。在面临重大案件时，即使被告人没有提出要求值班律师帮助，律协也可以视案件情节轻重安排值班律师参与案件。值班律师与被告人会见时，应当向被告人解释说明自己的身份、告知被告人其所拥有的诉讼权

---

① ［日］松尾浩也：《日本刑事诉讼法》（上卷），丁相顺译，中国人民大学出版社 2005 年版，第 131 页。

利，并回答被告人关于后续案件诉讼流程、罪名、刑罚等问题。日本值班律师的权利广泛，其享有审判阶段的辩护权，可以参与庭审直接为被告人辩护。此外，日本设有刑事犯罪嫌疑人辩护援助基金，用于为经济状况差的被追诉人公费辩护。因为日本值班律师制度具有民间性、公益性、一次性等特征，并不是一项国家性的法律制度，所以在参考日本值班律师制度时，要注意与我国的情况不同的问题。

第五节　澳大利亚值班律师制度

澳大利亚同属英联邦成员国，拥有一套相对发达且完善的法律援助体系。在澳大利亚，每个州和地区的值班律师计划都由该州的法律援助委员会负责组织实施。尽管各州和地区的值班律师制度内容都不尽相同，但在值班律师运作模式上却都采用混合模式，即不仅通过雇用专职律师，同时又与私人执业律师和大律师签订合作代理合同，以保障值班律师的来源。以南澳大利亚州为例，法律援助委员会在家事法庭、治安法庭和少年法庭为弱势群体提供值班律师服务，以确保弱势群体不被剥夺诉诸司法的权利。其中，治安法庭的值班律师主要为那些缺乏足够财力支持、缺少对法庭程序理解、存在语言及文化背景障碍，或囿于年龄及身心健康等因素的影响，可能在法庭上面临不利地位的公民提供法律咨询、协助和代理服务。由于缺少经费支持，法律援助委员会往往会根据案件类型区分提供值班律师的先后顺序，其中优先代理的是已被逮捕的人，其次是代理可能面临严重指控但未被拘留、需要律师协助申请延期或缓押以便有时间寻求法律意见的公民，最后才是未被拘留的人。值班律师提供的法律帮助主要包括提供法律建议、进行保释申请、进行简单的认罪等①。如果可能面临严重的刑罚结果的，被告人和法院不应接受值班律师的认罪协助，而应当及时通知法律援助委员会申请辩护律师。

第六节　新西兰值班律师制度

在新西兰，值班律师指的是法庭值班律师，且覆盖范围较广，基本在每个地区的法院都有足够数量的律师为受到刑事指控的无代理人的当事人提供帮助、建议与代理。保证了没有辩护律师的当事人都可以得到值班律师的免费服务，并且案件移送法院的当天即可获得这项帮助。新西兰值班律师的日常工作主要由司法部法律与运作服务工作组负责，主要包括管理值班律师名册以及对值班律师工作提出具体要求等，确保地区刑事法院高效、有效地运行。根据新西兰司法部值

---

① ［澳］南澳大利亚省法律援助委员会网：https：//lsc.sa.gov.au。

班律师服务工作指南，值班律师的职责主要有：提供法律咨
询、阐释指控的严重程度、量刑幅度、认罪后果、代为申请
保释、请求案件延期等。值班律师在帮助当事人申请法律援
助时首先要帮助其完成刑事法律援助申请表格填写，并保证
表格的填写内容客观真实。经申请，值班律师可以出庭辩护，
并在开庭前到达法庭，当值班律师因故不能出庭，必须找到
替代律师进行法律援助。为了便于值班律师会见被告人，法
庭设置了专门志愿者予以协助，即使犯罪嫌疑人、被告人被
警察羁押时，也可以申请值班律师的帮助，值班律师在收到
申请后，会及时会见犯罪嫌疑人、被告人并为其提供法律帮
助。值班律师在第一天帮助当事人后通常不能代理该案件①。
如果当事人不能负担律师费用，则其需要尽快申请刑事法律
援助，以获得一位值班律师代表自己出席情况听讼、审判、
宣判和上诉。但是，当事人可以在自己的申请表中告诉法律
援助署自己所接触的值班律师是自己"合意的"法律援助律
师，法律援助署很可能指派该律师代表当事人。不允许值班
律师说服当事人选择其作为当事人"合意的"律师。

---

① 郑自文：《新西兰法律援助制度及其最新发展》，载《中国司法》2007 年第
7 期，第 94 页。

第七节　我国香港、台湾地区值班律师制度

一、我国香港地区值班律师制度

在香港地区，值班律师制度被称作"当值律师制度"。这种当值律师制度包括当值律师计划、免费的法律咨询计划及电话法律咨询计划三项内容。当值律师计划的资金来源于特区政府的资助，在人员组成和计划管理上，由香港的大律师公会与律师会负责工作的开展。管理和行政工作通过当值律师的执委会进行。这种当值律师计划并非适用于所有案件，主要适用范围集中于裁判法院、少年法庭及死因研究庭[①]，这需要被告人符合一定的条件才能获得出庭律师出庭为其提供辩护服务。为了保证符合条件的被告人获得该项帮助服务，当值律师在全部的裁判法庭都设置了法庭联络点。如果犯罪嫌疑人、被告人符合条件，需要申请律师的帮助，首先需要向受理案件的法庭联络点提出申请。申请后，由相关工作人员负责主动联络被扣押的被告人，并将在首次开庭时，由相应的值班律师出庭为其提供辩护服务。香港的值班律师制度适用范围比较广泛，根据有关资料，在裁判法院，当值律师

---

① 郭婕：《法律援助值班律师制度比较研究》，载《中国司法》2008 年第 2 期，第 102 页。

计划中的值班律师可以为 300 多项的刑事犯罪案件提供帮助，涉嫌此 300 多项罪名的被告人，在案件被移送到裁判法院的当日即可安排值班律师代表进入法庭为被告人提供辩护。但是，值班律师无限制地进入法庭提供帮助仅此一次，在接下来的诉讼活动中，如果被告人仍然需要该服务的帮助，则须另行申请并接受审查。而少年法庭，除传票案件外，当值律师计划会为所有少年法庭的被告人安排律师出庭辩护，且被告人不需要接受审查，但需缴纳一定的定额手续费。如果被告人是学生，或者由家长或者接受监护人抚养的人，则可以申请豁免缴纳该定额手续费。

二、我国台湾地区值班律师制度

我国台湾地区将开展法律援助视作"政府"的义务行为，"政府"有义务让法律援助不仅是停留在纸面上，而是民众可以在社会生活中享受到实实在在的权利，当人们经济贫困、无力诉讼时，有权得到法律援助。随着台湾地区法制化程度的不断提高，民众对于司法的期待值与需求量也不断增加。台湾地区法律援助制度早在 1999 年进行的全地区司法改革中就成为人们关注的焦点，当时人们在改革中提出了两个重要议题：一是针对刑事被告人建立辩护权，并将其视为刑事被告人的基本权利；二是进一步加强法律援助工作。最终在经过改革后，在"司法院"的积极推动和倡导下，2004 年 1 月 7 日，台湾地区颁布了"法律援助法"，2004 年 6 月 20 日正式实施。与此同时，设立法律援助基金会并将其所需经费纳入政府的财政预算。这一措施结束了台湾地区在此之前没有完整系统的法律援助制度的历史，也从此改变了多方主体采用各不相同的方式开展法律援助的做法。台湾地区"法律援助法"共六章内容，除第一章总则和第六章附则外，第二章至第四章分别规定了法律援助制度的申请、担任法律援助者及其酬金、救济及调解程序，一共66条。"法律援助法"第1条规定："法律援助法"的立法目的是为保护民众权益，对于无力负担诉讼费用或律师报酬者，提供必要的法律援助，特别制定本法。第5条进一步规定："政府"负有推进法律援助事务及提供必要的资金的责任，各级法院、检察署、律师协会及律师负有协助实施法律援助事务的义务。第5条第1款规定了法律援助的主管和监督机关是"司法院"。根据"法律援助法"的规定，设立援助基金会，它的组织架构与运作主要采用公司制模式，董事会为基金会的最高决策机关，同时还设有监事会和秘书长，其组成人员涵盖多个不同领域的人士，比如在董事会的13人中，有来自"司法院"、"法务部"、"国防部"、"内政部"等"政府"机关人士，也有来自律师协会的代表、法学专家，弱势群体的代表和台湾居民代表。在监事会5人中，还有来自会计等相关专业背景的代表。其组成人员的多样性能够在法律援助事项制定计划或决策时最大程度地实现民主决策和考虑社会各界人士的利益。此处还有一个小的细节，董事会和监事会中各位成员均为无给职，即无俸禄。律师协会除了专职人员外，还聘用多名兼职人员，如实习律师或社会志愿者。一则是为了监督本协会的工作，为协会工作提出建议；二则是为了分担协会的相关工作。兼职人员均为义务工作，不需要支付劳动报酬。从这一点来看，台湾地区的法律援助社会化程度是非常高的，民众对于参与法律援助的主动性也很强，法律援助已成为社会救助中的重要组成部分。在台湾地区，申请法律援助需满足两项标准：第一，申请人需是无资力者，资力标准是以申请人的家庭人口总数和月收入数额为考虑因素。第二，案情标准，需为非无正当理由者。简单来说也就是经济标准和案情标准，只要符合这两项标准并且没有出现"法律援助法"第 16 条规定的不应该准予法律援助申请的情况，只要是合法居住在台湾地区的民众皆可享有法律援助的权利。同时"法律援助法"也规定了三类人不需要经济标准的审核就可直接得到法律援助。符合申请条件的，基金会会根据分会的审查结果做出给予全部、部分或由受援人承担部分费用的结论。执业律师同样是台湾地区法律援助案件的承办人。具体的划分主要有两种：第一种是由法律援助基金会约聘专职律师，第二种则是外部援助律师。两种划分的主要区别在于所办理案件案情重大情形的不同。如死刑案件或重大复杂案件由专职律师承办，律师想要承办此类法律援助案件时，需在各分会的律师名册上登记自己的姓名。台湾"法律援助法"赋予了受援人选择律师的权利，这也对保证案件援助质量起到了一定作用。根据

"法律援助法"第2条规定，"法律援助基金会主要针对下列事项提供法律援助：（1）法律咨询；（2）调解与和解；（3）法律文件撰拟；（4）诉讼或仲裁之代理或辩护；（5）其他法律事务上必要之服务及费用援助；（6）其他基金会决议事项。在此基础上，将案件类型划分为一般案件与专案案件"。一般案件主要采用诉讼代理及辩护、调解或和解等方式。专案案件则是指检警侦讯律师陪同到场案件或劳工专案案件。基金会从2007年9月开始试办检警案件（检警第一次侦讯律师陪同到场专案）。为了帮助犯罪嫌疑人弥补防御能力的不足，监督侦查程序的合法性，保证案件的审判质量，基金会提供24小时全年无休的律师陪讯服务。截至2012年4月底，总申请案件量为2837件。除了关注无资力和刑事诉讼中处于弱势的犯罪嫌疑人和被告人之外，为了贯彻保护人权的精神，基金会同公益组织合作，推动打击人口贩运的立法。基金会对于人口贩运案件中的被害人也会给予必要的法律援助。同其他国家和地区一样，台湾地区的法律援助经费也主要来自政府的经费支持，再辅之以社会捐助、基金会收益等来源。随着社会的发展，申请法律援助的需求量在不断的增加以及法律援助制度自身的不断完善，如何解决扩大经费来源也成为台湾地区法律援助制度必须解决的困难之一。

第八节　域外相关立法对我国的借鉴意义

一、明确值班律师介入诉讼或接触当事人的时间

为了确保值班律师能够充分发挥其应有作用，目前已经建立值班律师制度的国家，都明确了值班律师介入诉讼的时间或是接触当事人的时间。在通信技术和互联网技术发达的今天，值班律师对诉讼活动的介入不应限于当面会见，可借助电话或互联网及时为当事人提供必要的法律服务。

二、经费保障制度明确

不管是英国、加拿大的政府支持模式，还是日本的律师协会支持模式，都充分保障了值班律师履职活动的必需经费，并与本国的法律援助体系相适应，进而保障值班律师在法律援助活动中发挥应有的作用。《中华人民共和国法律援助法》第4条规定，县级以上人民政府应当将法律援助工作纳入国民经济和社会发展规划、基本公共服务体系，保障法律援助事业与经济社会协调发展。县级以上人民政府应当健全法律援助保障体系，将法律援助相关经费列入本级政府预算，建立动态调整机制，保障法律援助工作需要，促进法律援助均衡发展。

三、多元化值班律师体系

日益多元化的刑事诉讼程序发展亟须值班律师制度的多元化。例如，英国和加拿大都在相关立法中明确了多元化的值班律师援助形式，除了当面会见这一传统模式外，还可以充分利用现代通信技术和互联网技术，确保当事人能够在第一时间获得法律帮助，保障值班律师能够及时介入相关案件。

四、建立规范的诉讼救济机制

值班律师权利的保障和救济是我国司法实务中的一个难点。要最终解决值班律师的权利保障问题，必须在刑事诉讼立法中明确值班律师的权利保障救济制度，将有关机关的不作为或者不正确作为纳入可诉讼范畴，并明确相应的法律后果。《中华人民共和国法律援助法》第40条规定，无民事行为能力人或者限制民事行为能力人需要法律援助的，可以由其法定代理人代为提出申请。法定代理人侵犯无民事行为能力人、限制民事行为能力人合法权益的，其他法定代理人或者近亲属可以代为提出法律援助申请。被羁押的犯罪嫌疑人、被告人、服刑人员以及强制隔离戒毒人员，可以由其法定代理人或者近亲属代为提出法律援助申请。